KLAUS R. ZIMMERMANN

Jedes Kind kann rechnen lernen

Rechenschwäche und Dyskalkulie –
Wie Eltern helfen können

Entwicklung und Verhaltensmuster Ihres Kindes   9

Besonderheiten in der Vorschulzeit und im Anfangsunterricht   **10**

Welche Verhaltensmuster und Merkmale weisen auf
Rechenprobleme hin?   **12**

Gibt es charakteristische Merkmale bei Rechenschwierigkeiten?   **16**

Beispiel 1: Beratung Maren   **19**

Theoretische Konzepte   25

Rechenschwäche, Dyskalkulie und Rechenschwierigkeiten   **26**

Helfen bei Rechenschwäche Trainings der visuellen Wahrnehmung?   **26**

Beispiel 2: Gutachten Lena   **28**

Hilft bei Lernschwierigkeiten eine sensorische Integrationstherapie?   **30**

Hat unser Gehirn ein Rechenzentrum?   **31**

Kann die Neurodidaktik zusätzliche Hilfen geben?   **33**

Was besagt der Begriff Rechenschwierigkeiten (RS)?   **34**

Wer stellt fest, ob Ihr Kind Rechenschwierigkeiten hat?   **37**

Beispiel 3: Gutachten Lisa   **38**

Welche Untersuchungen sind in einer Beratungsstelle üblich?   **41**

Was messen Intelligenztests?   **44**

Was messen Rechentests?   **46**

Wie helfen Sie Ihrem Kind beim Rechnen?   **49**

Welche Fähigkeiten und Grundkenntnisse brauchen Sie?   **51**

Was sollten Sie beim Üben unbedingt beachten?   **52**

Behandlung der Rechenoperationen im Zahlenraum bis zwanzig   **59**

Behandlung des Zahlenraums bis hundert   **72**

Sprech- und Schreibweise der Zahlen   **75**

Unterschiedliche Aspekte der Multiplikation und der Division   **76**

Die Bedeutung des Gleichheitszeichens   **79**

Die wichtigsten Rechengesetze   **80**

Die Bedeutung des halbschriftlichen Rechnens   **82**

Üben der halbschriftlichen Addition und Subtraktion   **86**

Üben der halbschriftlichen Multiplikation und Division   **87**

Übergang zur schriftlichen Addition und Subtraktion   **89**

Beispiel 4: Aylin, 5. Klasse   **101**

Automatisierung mit der Lernkartei   **105**

Hilfsmaßnahmen der Schulen   **115**

Wie wichtig sind für Ihr Kind die Erlasse oder Verordnungen
Ihres Bundeslandes?   **118**

Wie sieht die praktische Umsetzung der Erlasse und
Verordnungen aus?   **120**

Worauf müssen Sie bei Gesprächen mit den Lehrkräften achten?   **121**

Können außerschulische Einrichtungen wirksam helfen?   125

Welche Ziele sollte eine außerschulische Förderung verfolgen?   127

Die sechs Bausteine des FIT-Konzepts   128

Beispiel 5: Beratung Anna   130

Welche Übungsmaterialien eignen sich für Kinder mit RS?   145

Rechnen im Zahlenraum bis zehn   148

Rechnen im Zahlenraum bis zwanzig   149

Rechnen im Zahlenraum bis hundert   151

Rechnen im Zahlenraum bis tausend   154

Rechnen im Zahlenraum über tausend   156

Literaturverzeichnis   158

Liebe Leserin, lieber Leser!

Es gibt Kinder und Jugendliche, für die Mathematik in der Schule ein Angstfach ist, vor allem wegen der »schlechten« Benotungen. Das gilt sowohl für Schülerinnen und Schüler in der Grundschule als auch an weiterführenden Schulen. Oft werden sie nicht nur mit unbefriedigenden Noten bedacht, sondern auch mit Vorwürfen überhäuft, wie Mangel an Konzentration, Faulheit oder Dummheit. Dies kann schließlich dazu führen, dass sich ein Kind als völliger Versager fühlt. Diese Vorwürfe gehen aber an den wahren Gründen für das Versagen vorbei. Verantwortlich für die Probleme sind in der Regel ein unzureichendes Verständnis für mathematische Zusammenhänge und Gesetzmäßigkeiten und ein daher nutzloses fortdauerndes Üben von nicht begriffenen Rechenoperationen.

Viele Eltern versuchen deshalb, die Rechenprobleme ihres Kindes durch verstärkte Hilfen bei den häuslichen Schulaufgaben aufzufangen. Sie kommen damit den häufig anzutreffenden Erwartungen der Lehrkräfte entgegen, deren Argumentation von fehlender Zeit für das einzelne Kind aufgrund zu großer Klassenstärken bis zu unzureichender Ausbildung im mathematisch-didaktischen Bereich reicht. Tatsächlich ist festzustellen, dass vielerorts vor allem im Anfangsunterricht immer noch Lehrerinnen und Lehrer ohne eine entsprechende universitäre Ausbildung Mathematikunterricht erteilen. Es muss deshalb nicht verwundern, dass ein großer Teil der Schülerinnen und Schüler schon in der Grundschule in bestimmten mathematischen Bereichen Verständnisprobleme hat, obwohl sie als »normale Lerner« gelten, die einen temporären Lernrückstand zum aktuellen Unterrichtsstoff haben. Der Anteil der Eltern, die für ihre Kinder eine zusätzliche schulische oder außerschulische Förderung für das Fach Mathematik suchen, ist erheblich und größer als für andere Fächer. So liegt nach den neuesten Ergebnissen des Bildungsbarometers 1/2009 das Fach Mathematik mit über 80 % der Nennungen an der Spitze der Schulfächer, bei denen ein Nachhilfebedarf vermutet wird (Deutsch ca. 8 %, Englisch ca. 5 %). Setzt eine Nachhilfe jedoch nicht am individuellen Lernstand der Kinder an, um die notwendige mathematische Kompetenz zu vermitteln, so kann sie nicht erfolgreich sein. Im Gegenteil, die geforderten mathematischen Einsichten werden sich weiter verringern und die Frustration der Kinder steigt.

Meine wissenschaftliche und vor allem meine langjährige praktische Arbeit belegt, dass eine Förderung bei allen Kindern auf den mathematisch-didaktischen Grundsätzen dieses Ratgebers beruhen sollte. Diese Förderung knüpft an den individuellen Stärken und Schwierigkeiten der Kinder an und bezieht ihr Umfeld mit ein. Die Kinder, die besondere Schwierigkeiten im Rechnen haben, benötigen allerdings eine deutlich längere und intensivere Förderung. Für mich steht deshalb fest, dass jedes Kind rechnen lernen kann!

Beim Lernen ist zu berücksichtigen, dass ein Großteil der Rechenfehler auf falsch verstandene Lösungsstrategien zurückgeht. Dabei ist es keineswegs so, wie vielfach behauptet wird, dass Kinder mit Rechenschwierigkeiten nicht denken können. Ihre Denkstrategien beruhen allerdings nicht auf der Grundlage des im Laufe der Jahrhunderte entwickelten mathematischen Wissens, auf das in den Lehrplänen der Schulen schließlich zurückgegriffen wird. Vor allem die arithmetischen Inhalte sind es, die viele Kinder im Unterricht aus unterschiedlichen Gründen nicht begreifen. Die fehlenden Erfolgserlebnisse führen zu mangelnder Motivation, schwindendem Interesse am Mathematikunterricht und zu einem immer geringer werdenden Selbstwertgefühl.

Im vorliegenden Ratgeber bezieht sich der Begriff Rechenschwierigkeiten – der hier anstelle der Begriffe Dyskalkulie und Rechenschwäche verwendet wird – auf den Entwicklungsrückstand eines Kindes bezüglich seiner mathematischen Kompetenz. Es werden fachlich fundierte Informationen und erprobte Hilfestellungen gegeben, die es vor allem betroffenen Eltern (bzw. geeigneten Dritten) ermöglichen, Rechenschwierigkeiten ihres Kindes erfolgreich vorzubeugen bzw. ihnen gezielt zu begegnen.

Aber auch anderen Erwachsenen, die in der schulischen oder außerschulischen Förderung tätig sind, bietet der Ratgeber fachlich fundierte, in der Praxis erprobte mathematisch-didaktische Hinweise und konkrete Übungsangebote. Dabei verwende ich einen pädagogisch-entwicklungspsychologischen Ansatz, bei dem die Förderung der mathematischen Kompetenz im Zentrum steht. Der Ratgeber unterscheidet sich damit grundlegend von anderen, die sich auf medizinisch orientierte Ansätze berufen und bei denen Trainings zur Behebung von Wahrnehmungsstörungen und Teilleistungsschwächen eine wesentliche Rolle spielen.

Dieses Buch behandelt wichtige Fragestellungen, die in der Gliederung aufgeführt sind. Die Antworten werden in fachmännischer und vor allem für Eltern in bisher einmalig ausführlicher Form verständlich und nachvollziehbar gegeben. Sie werden durch erläuternde Fallbeispiele aus meiner praktischen Arbeit ergänzt. Die wesentlichen Gesichtspunkte der einzelnen Abschnitte werden durch kurze Merksätze hervorgehoben. In den Text eingefügte Abbildungen verdeutlichen die Aussagen. Unabhängig von der vorgegebenen Reihenfolge können einzelne Themen mithilfe der jeweils in Klammern angegebenen Bezugshinweise bearbeitet werden. Im letzten Kapitel des Buches werden zusätzliche Übungsmaterialien vorgestellt.

Entwicklung und Verhaltensmuster Ihres Kindes

Rechenschwierigkeiten entstehen nicht über Nacht. Sie haben immer eine Geschichte, die oftmals bis in die Zeit um den Schulanfang zurückreichen kann. Sie fallen jedoch oft erst in der 2. oder 3. Klasse, manchmal erst in höheren Klassen auf.

Besonderheiten in der Vorschulzeit und im Anfangsunterricht

Schon in der Vorschulzeit kommen Kinder in vielfältiger Form mit Zahlen und dem Rechnen mit ihnen in Berührung. Daher können viele Vorschulkinder schon die Zahlwortreihe (eins, zwei, drei, vier, ...) aufsagen und im Zahlenraum bis 10 und darüber hinaus zählen. Einige Kinder können schon einfache Additionen und Subtraktionen rechnen. Nach neueren Untersuchungen (Weißhaupt et al. 2006) entwickeln sich Vorschulkinder mit guten Vorkenntnissen meist auch zu guten Rechnern in der Grundschule. Es gibt aber auch Kinder, die den Umgang mit Zahlen meiden und daher geringe Vorkenntnisse haben.

Bereits vor der Schulzeit zeigen Kinder unterschiedlichen Umgang mit Zahlen.

Solche Kinder gehen Spielen wie Memorys, Puzzles oder Würfelspielen aus dem Wege, die die Denk- und Lernentwicklung unterstützen. Wieder anderen Kindern fallen Ball- und Fingerspiele oder das Hüpfen und Springen schwer, Fertigkeiten, die für die Ausbildung der Grob- und Feinmotorik wichtig sind. Verzögerungen in der Entwicklung eines Kindes können aber auch ihre Ursache in einer komplizierten Geburt, schweren Erkrankungen oder seelischen Belastungen haben, wie der Verlust eines Familienangehörigen oder die Trennung der Eltern. Eine verlangsamte Sprachentwicklung kann dazu beitragen, dass ein Kind später den schulischen Anweisungen nur unzureichend folgen kann oder Verständnisprobleme bei Textaufgaben entwickelt.

Wenn ein oder mehrere der erwähnten Besonderheiten vorliegen, so sollten Sie Ihr Kind genauer beobachten und überlegen, wie Sie diese ausgleichen können oder ob Sie es gegebenenfalls Fachleuten vorstellen. Hat ein Kind Probleme, so gibt es dafür meist berechtigte Gründe, die es herauszufinden gilt. Diese können, müssen aber nicht, Hinweise auf spätere Lernschwierigkeiten geben. Das zu beurteilen ist nicht leicht, denn es gibt Kinder, bei denen solche oder ähnliche Besonderheiten in der Entwicklung beobachtet wurden, die später keinerlei Rechenprobleme hatten.

Besonders der Anfangsunterricht in der Schule sollte dem Entwicklungsstand des Kindes angepasst sein, damit es die ihm im Unterricht gestellten Aufgaben selbstständig lösen kann. Aber bereits während des Anfangsunterrichts ist es durchaus üblich, dass Eltern ihrem Kind bei den Hausaufga-

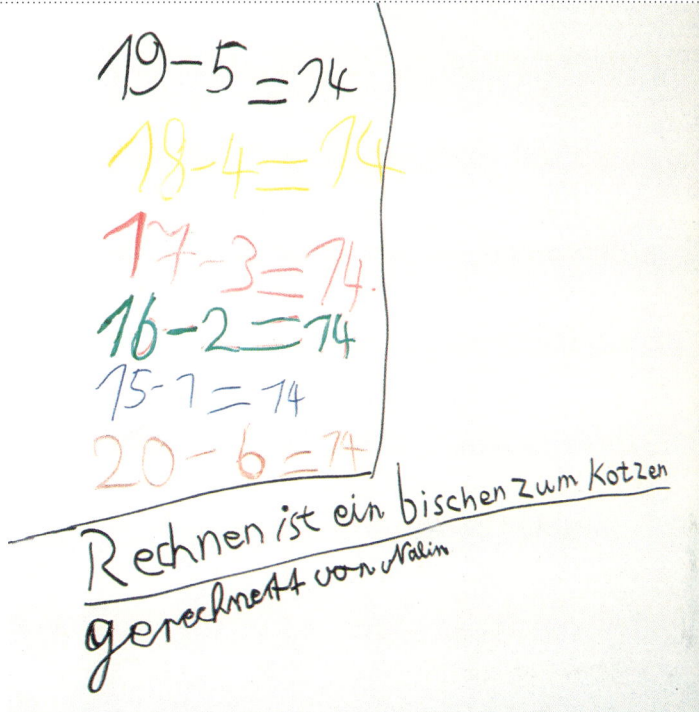

ben helfen, weil es seine Aufgaben nicht allein bewältigt. Das kann u. a. damit zusammenhängen, dass im Rechenunterricht zu wenig geeignetes Anschauungsmaterial (Steinchen, Plättchen, Perlenketten) zur Verfügung steht. Für einige Kinder wird das Rechnen mit Zeichen und Symbolen (Ziffern, Plus- und Minuszeichen, Gleichheitszeichen) ohne Unterstützung durch konkretes Anschauungsmaterial zu früh eingeführt. So können sich Verständnisschwierigkeiten entwickeln, die sich rasch vergrößern. Das ist besonders dann der Fall, wenn in der Schule bereits im Anfangsunterricht Kinder unter Zeit- und Leistungsdruck gesetzt sind und zusätzliches Üben des Unterrichtsstoffs durch das Elternhaus erwartet wird. Im weiteren Verlauf der Schulzeit können Sie aus Ihren Erfahrungen beim Üben und bei den Hausaufgaben wichtige Hinweise über den Entwicklungsstand Ihres Kindes in Mathematik erhalten.

In der Grundschule wird oft zu wenig oder gar kein Anschauungsmaterial verwendet.

Welche Verhaltensmuster und Merkmale weisen auf Rechenprobleme hin?

Im Folgenden werden zunächst neun Problembereiche skizziert. Beobachten Sie, ob und welche der Probleme auf Ihr Kind zutreffen:

1. Vermeiden von Rechenübungen

Im Gegensatz zum Verhalten in anderen Fächern will Ihr Kind nur widerwillig seine Hausaufgaben in Mathematik erledigen oder zusammen mit Ihnen üben. Wenn es nur irgendwie möglich ist, weicht es jeder Beschäftigung mit Zahlen aus, oder erfindet irgendeine Ausrede, die ihm gerade einfällt. Oft fällt es ihm beim Bearbeiten einer Aufgabe schwer, sich für eine der Vorgehensweisen, die es in der Schule gelernt hat, zu entscheiden. Deshalb probiert es verschiedene Wege aus. Es fehlen ihm Entscheidungskriterien, an die es sich halten kann, weil es die notwendigen Rechenwege zur Lösung einer Aufgabe nicht wirklich begriffen hat. Ihr Kind bedarf deshalb zusätzlicher Aufforderungen, damit es sich mit seinen Aufgaben konzentriert beschäftigt.

2. Unsicherheit über den Rechenweg

Fehlt Ihrem Kind Sicherheit über den jeweils einzuschlagenden Rechenweg, so genügt bereits ein zustimmendes Nicken oder eine verneinende Kopfbewegung von Ihnen, um einen begonnenen Rechenweg fortzuführen oder einen neuen zu probieren. Ihrem Kind fällt es schwer, selbst zu beurteilen, welcher Weg für die Bearbeitung seiner Aufgabe erfolgreich ist. Dann besteht die Gefahr, dass Rechenverfahren, die in der Schule behandelt wurden, ohne Bezug auf die konkrete Fragestellung rein schematisch angewandt werden, um sicherer zu werden.

3. Ablehnung vorgeschlagener Rechenwege

Umgekehrt kann es aber auch sein, dass Ihr Kind einen von Ihnen vorgeschlagenen Rechenweg mit dem Hinweis ablehnt, dass in der Schule ein anderes Vorgehen behandelt wurde. Natürlich sollten Sie die im Unterricht eingeschlagene Vorgehensweise einhalten, wie sie aus dem Mathematikbuch oder dem Schulheft des Kindes hervorgeht. Es kann aber sein, dass Ihr Rechenweg abgewiesen wird, weil er nicht mit dem übereinstimmt, was das Kind aus dem Unterricht in Erinnerung behalten, aber nicht genau verstanden hat und aufgrund der Autorität der **Lehrerin** respektiert.

Da in der Grundschule vorwiegend Lehrerinnen tätig sind, wird aus Gründen der besseren Lesbarkeit immer die weibliche Form verwendet.

4. Zurückweisung von Elterntipps

Ein weiteres Indiz für Rechenprobleme ist, wenn Ihr Kind einerseits Ihre Hilfe sucht, andererseits Ihre Tipps zur Bearbeitung einer Aufgabe ablehnt mit der Bemerkung, dass diese Vorgehensweise in der Schule so nicht gebraucht würde, obwohl Sie sich am Mathebuch und den Heften Ihres Kindes orientiert haben. Diese Zurückweisung zeigt, dass Ihr Kind Ihren Tipp nicht mit seinem Schulwissen in Verbindung bringen und gedanklich verarbeiten kann, obwohl er mathematisch korrekt ist und mit dem Unterricht konform geht.

5. Angst vor dem Rechnen

Sie beobachten bei Ihrem Kind, dass das Rechnen zunehmend mit Ängsten verbunden ist. Die Rechenaufgaben werden von ihm häufig als zu schwer empfunden und können nur mit Ihrer Unterstützung erledigt werden. Ihr Kind bekommt in der Schule nur selten positive Beurteilungen und Ermutigung. Besonders große Ängste zeigt Ihr Kind vor den Klassenarbeiten in Mathematik. Aus Furcht, zu versagen, und vor einer »schlechten« Note stellen sich vor den Arbeiten Bauchschmerzen, Kopfweh oder andere Beschwerden ein.

6. Ständiges Üben ohne Erfolg

Obwohl Sie intensiv und kontinuierlich den schulischen Lernstoff zu Hause mit Ihrem Kind geübt haben, bleibt ein sichtbarer Erfolg aus. Im Gegenteil, sie sind beide frustriert. Das lässt sich dadurch erklären, dass Ihrem Kind die Grundlage fehlt, auf der es ein ausreichendes und gesichertes Verständnis der geübten Rechenwege erreichen kann. Das führt dann dazu, dass bei der nächsten Klassenarbeit das meiste des mit Ihnen ausgiebig behandelten mathematischen Stoffs wieder vergessen ist und nicht mehr zur Verfügung steht. Die Probleme werden noch verstärkt, wenn Ihr Kind bereits Ängste vor dem Fach Mathematik entwickelt hat.

7. Erfolgloser Nachhilfeunterricht

Auch regelmäßiger Nachhilfeunterricht durch Dritte bringt in vielen Fällen keine nachhaltige Verbesserung der schulischen Leistungen, da eine Nachhilfe in der Regel die Ursachen nicht behebt. Grund dafür ist, dass bei einer Nachhilfe lediglich der aktuelle Schulstoff – vielleicht in kleineren Schritten – wiederholt wird und die im Schulunterricht gerechneten Aufgaben nochmals geübt werden. So besteht die Gefahr, dass das im Unterricht nicht Verstandene noch verfestigt wird. Das bedeutet,

Um Lernerfolge zu erzielen, muss der neue Lernstoff an bereits vorhandenem Wissen anknüpfen.

dass vor dem Üben der aktuellen Rechenaufgaben Inhalte aus vorangegangenen Schuljahren wiederholt, schrittweise erschwert und komplexer gestaltet werden müssen.

8. Leidensdruck Ihres Kindes

Nicht nur das Kind, sondern auch die Eltern leiden unter dem Stress, der sich durch die Probleme mit dem Rechnen ergibt. Das Kind erlebt nicht nur die ständige Enttäuschung seiner Eltern, sondern es leidet unter den Reaktionen seiner Lehrer, Mitschüler und Freunde. Leben in der Familie noch Geschwister ohne Probleme im Rechnen, kann es zu Rivalitäten kommen, die das Selbstwertgefühl des »Problem«-Kindes zusätzlich negativ verstärken.

9. Besonders auffälliges Verhalten oder Rückzug

Kritisch wird es, wenn Ihr Kind von seinen schulischen Misserfolgen durch besonders auffälliges Verhalten oder Rückzug abzulenken versucht. Ein Kind, das sich im Mathematikunterricht ständig überfordert fühlt, empfindet sich häufig als Versager gegenüber seiner schulischen und häuslichen Umwelt und sucht Auswege, um erfolgreich dazustehen. So kann ein Kind versuchen, das Rechnen durch Blödeleien anderen gegenüber als unwichtig darzustellen, oder es gibt mit seinen Erfolgen auf Gebieten an, die ihm leichtfallen. Auch eine überbetonte Rechthaberei kann dazu dienen, eigene Schwächen zu überdecken. Das konträre Verhalten, sich in der Schule und/oder zu Hause immer mehr zurückzuziehen, ist oft noch gefährlicher, weil es auf die Leistungen in anderen Schulfächern übergreifen kann.

Konsequenz: Haben Sie beim Arbeiten mit Ihrem Kind mehrere der beschriebenen Verhaltensmuster und Merkmale festgestellt, so können dies Hinweise auf besondere Schwierigkeiten im Rechnen sein.

Gibt es charakteristische Merkmale bei Rechenschwierigkeiten?

Die nachfolgenden drei Merkmale gehören zu denjenigen, die charakteristisch für Kinder mit besonderen Rechenschwierigkeiten sind.

1. Zählendes Rechnen

Das zählende Rechnen – meist mit Benutzung der Finger – ist für Kinder im Anfangsunterricht naheliegend und sollte auch unterstützt werden. Besucht Ihr Kind aber bereits die 2. oder eine höhere Klasse, so sollte es ein tragfähigeres Verfahren beherrschen. Beim zählenden Rechnen verwenden die Kinder unterschiedliche Vorgehensweisen (Strategien), die einige Kinder sogar von Mal zu Mal wechseln. Ihr Kind ermittelt z.B. das Ergebnis durch vollständiges Auszählen, wenn es beim Addieren, jeweils beginnend mit der ersten Zahl, beide Zahlen mit den Fingern darstellt und einzeln abzählt. Das zählende Rechnen kann auch ohne Verwendung der Finger erfolgen. Anstelle der Strategie des vollständigen Auszählens wird von einigen Kindern die Strategie des Weiterzählens verwendet, wenn vom Kind die erste Zahl schon als Teilmenge erkannt und nicht mehr abgezählt werden muss. Die Vorgehensweisen beim zählenden Rechnen werden im Einzelnen auf Seite 60 ff. beschrieben. Die Hauptnachteile des zählenden Rechnens sind die Fehleranfälligkeit und der Zeitaufwand. Die Vorteile sind, dass es meist schon vor Eintritt in die Schule gelernt wurde, es immer in der gleichen Weise erfolgen kann und eine scheinbare Sicherheit vermittelt. Zählende Rechner gibt es auch noch nach der Grundschulzeit. Das trifft vor allem für Aufgaben wie 7 + 8, 16 – 9, d.h. für Aufgaben mit Zehnerübergang (siehe S. 65 ff.) zu. Selbst bei Jugendlichen im Gymnasium, die Schwierigkeiten in Mathematik haben, ist diese Technik zu finden (siehe S. 20).

Es gibt typische Vorgehensweisen bei Kindern mit Rechenschwierigkeiten.

2. Mechanisches Rechnen von Aufgaben

Beobachten Sie, dass Ihrem Kind bei der Lösung von Rechenaufgaben das Verständnis für die zahlenmäßigen Zusammenhänge – z. B. die Größenordnungen der Zahlen – oder für die einzusetzenden Rechenverfahren fehlt, so können Sie davon ausgehen, dass es mechanisch rechnet. Ihr Kind wendet ein einmal auswendig gelerntes Rechenverfahren rein schematisch an, selbst dann, wenn das Verfahren nicht zu dem vorliegenden Aufgabentyp passt. Das kann z. B. dazu führen, dass Ihr Kind versucht, von einer kleineren Zahl eine größere Zahl abzuziehen (siehe S. 103 ff.).

Dieses mechanische Rechnen wendet es dann auch bei den Aufgabenserien oder Rechenpäckchen an, die es zum Üben von der Schule als Hausaufgabe mitbekommt. Ob Ihr Kind mechanisch rechnet, stellen Sie fest, wenn es den bei der ersten Aufgabe eingeschlagenen Weg bei den folgenden Aufgaben ebenfalls einsetzt, selbst wenn diese sich unterscheiden. Das ist der Fall, wenn Ihr Kind bei einer Aufgabenserie eine Subtraktionsaufgabe wie 27 – 16 stellenweise, d. h. erst die Zehner und dann die Einer, rechnet, bei einer anderen Aufgabe wie 24 – 15 genau so verfährt und dabei die Einerstellen einfach vertauscht, nämlich 5 – 4 rechnet, da es sonst die Subtraktion noch nicht ausführen kann (siehe S. 83). Diese Vorgehensweise zeigt, dass es die mathematischen Grundlagen und Regeln noch nicht ausreichend begriffen hat.

3. Unverständnis bei Textaufgaben

Ein Kind mit Rechenschwierigkeiten hat in der Regel mit Textaufgaben (einschließlich Sachaufgaben) erhebliche Probleme, selbst wenn es flüssig lesen kann. Das beginnt mit der Schwierigkeit, sich von den in der Aufgabe bezeichneten Vorgängen und Handlungen eine Vorstellung zu machen und die mit der Aufgabe verbundene Fragestellung richtig zu verstehen. Kann Ihr Kind den Inhalt der Aufgabe nicht mit eigenen Worten wiedergeben, so ist dies ein sicheres Zeichen dafür, dass die Fragestellung nicht erfasst wurde. Leider gibt es immer wieder Textaufgaben, die von der Lehrerin nicht eindeutig formuliert wurden und selbst Erwachsenen unverständlich sind. Die Schwierigkeiten bei Textaufgaben betreffen natürlich in erster Linie das Erkennen und Verstehen der anzuwendenden Rechenoperationen und ihre schriftliche Fixierung. Kindern fallen Textaufgaben mit Additionen und Subtraktionen besonders dann schwer, wenn bei den Aufgaben von einer Ausgangssituation, die unbekannt ist, eine Veränderung eintritt, die zu einer Endsituation führt.

Wichtig sind bei Textaufgaben das Erkennen und Verstehen der anzuwendenden Rechenoperationen.

Ein Beispiel: Im Schwimmbecken spielen Kinder. Drei Kinder müssen früher nach Hause. Deshalb sind nun nur noch fünf Kinder im Becken. Wie viele Kinder waren es vorher? Hier muss Ihr Kind erkennen, wie groß die Anzahl der Kinder in der Ausgangssituation ist, wenn drei Kinder weggehen und die anderen bleiben.

Das Textverständnis spielt darüber hinaus eine wichtige, oft unterschätzte Rolle. Das gilt zum einen für Kinder, die Verständnisprobleme in Deutsch haben, zum anderen aber auch für deutsche Kinder, wenn der Inhalt der Aufgaben nicht aus ihrem Erfahrungsbereich stammt oder er ungewohnte Formulierungen enthält. Sind die verwendeten mathematischen Begriffe und Definitionen (z. B. Summe, Differenz, gerade und ungerade Zahl, Größer- und Kleiner-Beziehungen) Ihrem Kind nicht geläufig, so sind Schwierigkeiten vorprogrammiert.

Konsequenz: Wenn Sie bei Ihrem Kind Anzeichen für die obigen charakteristischen Merkmale feststellen können, so liegen bereits besondere Schwierigkeiten im Rechnen vor.

Beispiel 1: Beratung Maren

Rechenschwierigkeiten in der 8. Klasse Gymnasium.
Vorgeschichte

Wegen langjähriger Mathematikprobleme brachten Herr und Frau K. ihre 13-jährige Tochter Maren zu einer Beratung zu mir. Maren hatte im letzten Halbjahreszeugnis der 8. Klasse eines Gymnasiums eine Fünf in Mathematik erhalten. In der Grundschule sei sie eine gute Rechnerin gewesen, betonten die Eltern. Ihre Zeugnisse bestätigten dies, bis auf das Versetzungszeugnis zur Klasse 5, in dem die Leistungen in Mathematik nur mit schwach befriedigend benotet wurden.

Nachdem Marens Mathematiknoten im Gymnasium bei den Klassenarbeiten immer häufiger auf ausreichend oder mangelhaft abgerutscht waren und es keinen schulischen Förderkurs gab, erhofften sich die Eltern bei einer außerschulischen Lernhilfeorganisation eine gezielte Förderung ihrer Tochter. Da jedoch auch nach zwei Jahren Nachhilfe keinerlei positive Veränderungen sichtbar wurden, brachen die Eltern die von ihnen selbst finanzierte Maßnahme ab. Der ständige Druck und das Versagen hatten dazu geführt, dass Maren beim Rechnen unkonzentriert war, immer wieder über Bauchschmerzen klagte und sich für dumm hielt. Dies beunruhigte die Eltern, die ihre Tochter sonst als ein aufgewecktes und intelligentes Mädchen erleben.

Über Elternratgeber und das Internet hatten sich die Eltern bereits allgemein über Rechenschwierigkeiten zu informieren versucht. Ihnen war deshalb inzwischen klar geworden, dass Hilfe am aktuell bestehenden Lernstand des Kindes ansetzen müsse und eine Nachhilfe bei zu großem Rückstand ungeeignet wäre. Die Familie erwartete nun von unserem Beratungsgespräch Aufklärung und Hinweise zur Förderung.

Beratungsgespräch

Nach Abklärung der Vorgeschichte, die mir bereits durch Unterlagen und Informationen aus einem Elternfragebogen bekannt war, begann ich mein diagnostisches Gespräch mit Maren anhand von Aufgaben aus der Mathematikarbeit der vorangegangenen Woche. Sie suchte sich eine der Aufgaben aus, bei der aus zwei Gleichungen zwei Unbekannte (x und y) zu ermitteln waren. Sie sollte mir ihren Rechenweg möglichst detailliert erklären (Methode des lauten Denkens). Nach kurzem Zögern erinnerte sie sich an ihr Vorgehen bei der Klassenarbeit. Sie versuchte, wie sie erläuterte, zunächst die Unbekannte x so zu isolieren, dass sie nach dem Gleichheitszeichen ein zahlenmäßiges Ergebnis mit y erhält. Bei der ersten Gleichung $8y + 2x = 86$ subtrahierte sie daher völlig richtig auf der linken Seite das Produkt 8y. Allerdings unterließ sie es nun, die rechte Seite der Gleichung entsprechend umzuformen. Dieser in ihrer Arbeit durchgängig zu erkennende Fehler zeigte auf, dass Maren die Bedeutung des Gleichheitszeichens (Thema der Grundschule) nicht umfassend genug verstanden hatte. Nicht selten wird aber dieses Wissen von den Gymnasiallehrern vorausgesetzt.

Marens Bearbeitung der Gleichungen unterbrach ich deshalb bereits nach der ersten Umformung und bat sie, die Bedeutung des Gleichheitszeichens anhand einer einfacheren Gleichung zu erläutern, z.B. $x + 3 = 10$. Spontan nannte sie das Ergebnis 7, obwohl ich sie danach gar nicht gefragt hatte, und kommentierte auf Nachfrage, dass das Gleichheitszeichen »ergibt« bedeutet (7 plus 3 ergibt 10). Hier lag der Schlüssel für Marens Problem mit den Gleichungen. Maren hatte nicht gelernt, dass – wie der Name bereits sagt – ein Gleichheitszeichen angibt, dass auf beiden Seiten dieses Zeichens das Gleiche steht. Das ist etwa vergleichbar mit einer Waage, die dann im Gleichgewicht ist, wenn auf beiden Waagschalen gleich viel enthalten ist. Eine Umfor-

Bei richtigem Verständnis des Gleichheitszeichens werden bei einer Gleichung stets beide Seiten gleichartig umgeformt.

mung einer Gleichung ist deshalb nur möglich, dass auf beiden Seiten jeweils »das Gleiche gemacht« wird (siehe S. 79 ff.). Maren hätte also in ihrer Mathematikarbeit die 8 y auf **beiden** Seiten der Gleichung subtrahieren müssen ($8\,y + 2\,x - 8\,y = 86 - 8\,y$). Dadurch hätte sie das Produkt 2x in der Form $2\,x = 86 - 8\,y$ erhalten und nach beidseitiger Division durch 2 die Unbekannte x isoliert, wie sie es sich vorgestellt hatte. Bei ihr war, was relativ häufig anzutreffen ist, in der Grundschule beim Gleichheitszeichen vor allem der Aspekt des »Ergibtzeichens« verwendet worden. Aufgrund des fehlenden Verständnisses der Bedeutung des Gleichheitszeichens kam sie bei allen vergleichbaren Aufgaben zu falschen Ergebnissen, d. h., das Problem aus der Grundschulzeit hat bei ihr gravierende Auswirkungen in den höheren Klassen.

Meine Vermutung, dass der Ursprung ihrer Schwierigkeiten im Mathematikunterricht in der Grundschule liegt, konnte ich Maren und ihren Eltern auch beim Überprüfen der Vorstellungen über die vier Grundrechenarten aufzeigen.

Dazu erhielt Maren kleine, bunte Glassteine als konkretes Anschauungsmaterial, mit deren Hilfe sie die einzelnen Rechenarten konkret darstellen sollte. Dies gelang ihr ohne Mühe bei den

Der Ursprung von Rechenschwierigkeiten bei Kindern liegt erfahrungsgemäß in der Grundschulzeit.

Muggelsteine

Aufgaben 7 + 4 und 12 − 3, wobei mir auffiel, dass sie die Aufgaben noch zählend rechnete und das Eins-plus-eins nicht sicher beherrschte (siehe S. 65). Bei der Darstellung der Aufgabe 3 · 7 benötigte sie etwas Hilfe. Sie legte dann dreimal 7 Steine hin und erhielt dadurch zusammen 21 Steine. Hierbei fiel mir zusätzlich durch Nachfragen auf, dass sie auch das Ein-mal-eins nicht ausreichend sicher konnte. Im weiteren Verlauf des Gesprächs zeigte es sich, dass sie einfache Divisionsaufgaben wie 15 : 3 − auch mit etwas Hilfe − nicht mit Steinen darstellen konnte. Maren fehlte hierfür das notwendige Verständnis für die grundlegenden Aspekte der Division (siehe S. 78 ff.) Daraus ergaben sich auch entsprechende Verständnisprobleme bei der Bruchrechnung, die in ihrer Klasse häufiger benötigt wird.

Folgerungen

Bereits anhand dieser wenigen Beispiele wurde Maren und ihren Eltern deutlich, dass die **Schwierigkeiten ihren Ursprung in den ersten Schuljahren hatten und Hilfe hier ansetzen muss.**

Die Eltern erhielten weitere Hinweise, worauf bei einer Förderung zu achten ist. Ausführlich können diese in den einzelnen Kapiteln dieses Ratgebers nachgelesen werden. Maren wurde Mut gemacht, da ihren Problemen nicht Dummheit, sondern unpassende mathematische Vorstellungen zugrunde liegen. Der dadurch entstandene erhebliche Entwicklungsrückstand kann von Maren allerdings nur mit sehr großem Fleiß und Ausdauer verringert werden. Die Eltern, die bislang die häusliche Unterstützung vor allem der Mutter überlassen hatten, wollten nun den Versuch unternehmen, ihrer Tochter abwechselnd selbst zu helfen. Es wurde vereinbart, dass die Eltern die häusliche Vorgehensweise in größeren Abständen vorstellen, um weiterführende Hinweise zu erhalten, wenn sie keine geeignete außerschulische Förderung in ihrer Nähe finden.

Verhaltensmuster bei Rechenproblemen

Die folgenden Verhaltensmuster können auf Rechenprobleme Ihres Kindes hinweisen.

> **Vermeiden von Rechenübungen:**
> Ihr Kind erledigt nur widerwillig seine Hausaufgaben in Mathematik. Es weicht möglichst jeder Beschäftigung mit Zahlen aus.

> **Unsicherheit und Ablehnung:**
> Es fehlt ihm Sicherheit über den eingeschlagenen Rechenweg; ein von Ihnen vorgeschlagener Weg wird mit dem Hinweis abgelehnt, dass in der Schule anders vorgegangen wurde.

> **Zurückweisung von Elterntipps:**
> Ihr Kind kann Ihre Tipps nicht mit seinem Schulwissen in Verbindung bringen und gedanklich verarbeiten, obwohl sie mathematisch korrekt sind und mit den schulischen Verfahren konform gehen.

> **Angst vor Mathematik:**
> Große Ängste zeigt Ihr Kind vor den Klassenarbeiten. Aus Angst vor einer »schlechten« Benotung stellen sich Bauchschmerzen, Kopfweh und andere Beschwerden ein.

> **Auffälliges Verhalten und Rückzug:**
> Ihr Kind fühlt sich in Mathematik überfordert, empfindet sich als Versager und zieht sich oftmals aus seinem sozialen Umfeld zurück. Der Rückzug ist besonders gefährlich, weil er auf die Leistungen anderer Fächer übergreifen kann.

> **Erfolgloses Üben:**
> Obwohl Ihr Kind den Lernstoff zu Hause intensiv geübt hat, bleibt ein sichtbarer Erfolg aus. Auch eine Nachhilfe hat zu keiner nachhaltigen Verbesserung geführt.

Theoretische Konzepte

Zeigen Kinder Probleme beim Rechnen, so gibt es dafür eine Vielzahl von Bezeichnungen. Man kann fast für jeden Buchstaben des Alphabets einen Begriff dafür finden, von A wie Akalkulie bis Z wie Zahlendyslexie.

Rechenschwäche, Dyskalkulie und Rechenschwierigkeiten

Bei Durchsicht der im Buchhandel erhältlichen Elternratgeber fällt auf, dass die Begriffe **Dyskalkulie** und Rechenschwäche am häufigsten auftauchen. Bei der Beschreibung der Ursachen für diese Störungen werden oft die Begriffe Teilleistungsschwäche bzw. Wahrnehmungsschwäche gebraucht. Die Vorstellungen darüber, was mit diesen Bezeichnungen genau gemeint ist, sind allerdings höchst heterogen. Demzufolge sind auch die Vorgehensweisen bei der Behandlung dieser »Störungen« sehr unterschiedlich. Wie die Bezeichnung »Schwäche« bereits andeutet, werden nach dieser Vorstellung vor allem organische Ursachen für die Rechenschwäche angenommen. Die Autoren, die den Begriff »Teilleistungsschwäche« verwenden, gehen meist davon aus, dass den kindlichen Rechenstörungen u. a. Defizite oder Verzögerungen von Funktionen zugrunde liegen, die von der Reifung des zentralen Nervensystems abhängen. Es handelt sich demnach um Störungen, die im Kind liegen und organisch bedingt sind. Um diese organischen Teilleistungsstörungen zu beseitigen, werden in der Regel Funktions- bzw. Wahrnehmungstrainings empfohlen. So können Sie beispielsweise im Internet lesen »Wahrnehmungstraining hilft gegen Rechenschwäche«. Danach kann Kindern, die unter Rechenschwäche »leiden«, durch spezielle Förderung der Wahrnehmungs- und Sehfähigkeit geholfen werden.

Dyskalkulie lässt sich aus der (griech.) Vorsilbe »dys« mit der Bedeutung »abweichend von der Norm, übel, schlecht, miss-, krankhaft«, und dem (lat.) Wort calculare = mit Rechensteinen rechnen« ableiten.

Helfen bei Rechenschwäche Trainings der visuellen Wahrnehmung?

Autoren, die vom Konzept der »Rechenschwäche« als organisch oder psychisch bedingter Krankheit ausgehen, vermuten als Hauptursache häufig Störungen der visuellen Wahrnehmung.

Sie wird im Zusammenhang mit der räumlichen Vorstellungsfähigkeit und dem mathematischen Denken als Grundvoraussetzung für den Erwerb von mathematischer (und auch schriftsprachlicher) Kompetenz angesehen.

Die visuelle Wahrnehmung wird in verschiedene Bereiche unterteilt:
Die Figur-Grund-Unterscheidung: das Erkennen von Figuren und Abbildungen vor komplexem Hintergrund.
Die visiomotorische Koordination: das kontinuierliche Zusammenspiel von Auge und Hand.
Das Erkennen räumlicher Beziehungen: das Wahrnehmen von Gegenständen zueinander und in Relation zum Beobachter.

Nicht Übungen mit mathematischen Inhalten, sondern unterschiedlichste Wahrnehmungsübungen sollen nach diesem Konzept die Voraussetzung für mathematisches Lernen ermöglichen.

Hierzu einige Beispiele:

1. Zur Figur-Grund-Unterscheidung erhält das Kind ein Zeichenblatt mit sich überschneidenden Umrisszeichnungen von Figuren, die mit verschiedenen Farbstiften nachzuziehen sind.
2. Zum Training der Auge-Hand-Koordination wird das Zielwerfen eines Balles in einen Eimer geübt.
3. Für den Bereich des Erkennens der räumlichen Beziehungen wird ein Kind mit geschlossenen Augen über einen Parcours im Raum (über Tische, Stühle) geführt. Anschließend soll es den gleichen Weg mit offenen Augen zurücklegen.

Viele Wahrnehmungsübungen haben keinen Bezug zu mathematischen Inhalten.

Das sind nur einige Beispiele für Funktionstrainings, die in der Förderung von Kindern mit Schwierigkeiten im Rechnen auch im schulischen Bereich eingesetzt werden, aber keinen Bezug zu mathematischen Fragestellungen haben. Besonders problematisch wird es, wenn eine »Dyskalkulie-Therapie« ausschließlich aus derartigen Funktionstrainings bestehen soll, wie das nachfolgende Beispiel belegt:

Beispiel 2: Gutachten Lena

Gutachten einer Praxis für Wahrnehmungsstörungen
Vorgeschichte
Aufgrund der ausgeprägten Lernprobleme und Ängstlichkeit ihrer Tochter Lena im Fach Mathematik suchte eine besorgte Mutter eine auf Wahrnehmungsstörungen spezialisierte Praxis in der Hoffnung auf, Hilfe zu erhalten. Diese Praxis führte mit dem fast 9-jährigen Mädchen eine Reihe von Tests durch (u. a. den Intelligenztest Hawik R und den Frostig-Entwicklungstest der visuellen Wahrnehmung FEW).

Testergebnisse
Aufgrund dieser Tests wurden der Mutter eine Vielzahl von Störungen ihrer Tochter bescheinigt: minimale cerebrale Dysfunktion, zentral bedingte visuelle Wahrnehmungsstörungen im Bereich der Figur-Grund-Wahrnehmung wie der Raumwahrnehmung sowie seriale Wahrnehmungsstörung und Verhaltensauffälligkeiten.

Folgerungen
Neben der bereits beschriebenen visuellen Wahrnehmungsstörung wurde eine minimale cerebrale Dysfunktion (MCD) diagnostiziert. Dieser Begriff assoziiert einen Gehirnschaden, der allerdings bislang in wissenschaftlichen Untersuchungen bei Kindern mit RS nicht als Ursache für ihre Störung nachgewiesen werden konnte. Eine echte neurologische Behinderung ist

nach Dehaene, einem bekannten Neuropsychologen und Mathematiker, eher selten und war, wie die Untersuchungen zeigten, auch im vorliegenden Fall nicht gegeben.

Bei den Therapievorschlägen des Gutachtens fällt auf, dass keine konkreten Fördermaßnahmen mit mathematischen Inhalten vorgesehen sind. Die Vorschläge beinhalten im Wesentlichen die Durchführung von Funktionstrainings im Rahmen einer Ergotherapie mit sensorischer Integrationstherapie. Daneben wird empfohlen, die festgestellte visuelle Wahrnehmungsstörung weiter abzuklären und eine Psychotherapie durchzuführen. Schließlich sollte das Mädchen möglichst in seiner bisherigen Klasse verbleiben.

Intelligenz- und Wahrnehmungstests können zu negativen Etikettierungen von Kindern führen.

Dieses Gutachten war für die Mutter sehr unbefriedigend. Die Mutter beklagte, dass die Untersuchungen statt Hilfen zur Lösung der mathematischen Probleme ihre Tochter mit negativen Etikettierungen versahen, die in keiner direkten Beziehung zu ihren eigentlichen mathematischen Problemen standen.

Zusammenfassung

Sie als Eltern sollten wissen, dass es bis heute keine wissenschaftlichen empirischen Beweise dafür gibt, dass Funktionstrainings bei Rechenschwierigkeiten erfolgreich geholfen hätten. Bedenklich ist, dass durch die Konzentration auf solche Übungen ohne Bezug zu mathematischen Fragestellungen wertvolle Zeit vergeht, die dringend für inhaltsbezogene Übungen genutzt werden sollte, denn sonst kann es durch den Zeitaufschub zu weiteren Entwicklungsrückständen kommen.

Es gibt keine messbaren Beweise über die Effektivität von Wahrnehmungsübungen bei Rechenschwierigkeiten.

Meine Kritik, die von vielen Fachleuten geteilt wird, richtet sich nicht nur gegen solche speziellen Trainings der visuellen Wahrnehmung, sondern auch gegen Konzepte wie das der sensorischen Integrationstherapie. Diese werden oft ohne oder nur zum Teil mit mathematischen Inhalten und Fragestellungen verbunden.

Hilft bei Lernschwierigkeiten eine sensorische Integrationstherapie?

Das Konzept der sensorischen Integration von Ayres gehört zu den weitverbreiteten Ansätzen, die die Bereiche Wahrnehmung, Bewegung und Sprache betreffen. Unter dem Begriff »Störung der sensorischen Integration« werden Unregelmäßigkeiten oder auch Defizite der Hirnfunktionen verstanden, die die Verarbeitung und Integration sinnlicher Reizeinwirkungen erschweren. Solche Störungen werden als Grundlage vieler Lernprobleme gesehen. Eine sensorische Integrationstherapie umfasst gewöhnlich Ganzkörperbewegungen, durch die das Gleichgewichtssystem, die Eigenwahrnehmung und der Tastsinn angeregt werden.

So wird bei dieser Therapie z. B. eine Ganzkörperbewegung auf dem Rollbrett eingesetzt. Dabei handelt es sich um ein speziell entwickeltes Holzbrett mit Rädern, das frei und in jede Richtung bewegt werden kann. Das Kind liegt auf der Bauchseite mit dem mittleren Körperteil darauf, während Kopf, oberer Teil der Brust, Arme und Beine während der Bewegung des Brettes hochgehalten werden.

Hinsichtlich der Wirksamkeit derartiger Übungen gibt Ayres selbst zu, dass einigen Kindern mit der sensorischen Integrationstherapie nicht geholfen werden kann, obwohl auch bei ihren Problemen Lernstörungen oder Schwierigkeiten der Sinneswahrnehmung zugrunde liegen.

Zusammenfassung

Es gibt inzwischen umfangreiche Untersuchungen, die zeigen, dass das Konzept von Ayres keine positiven Effekte bei Lernschwierigkeiten hat. So stellen Höhn und Baumeister (nach Born und Oehler) fest, dass die Ergebnisse mehrerer Studien so zu bewerten sind, dass es sich bei diesen Therapien um eine »höchst ineffektive Behandlungsform für Lernstörungen« handle. Ein Training der Bewegung und der Wahrnehmung könne zwar die Fähigkeiten in diesen Bereichen verbessern, habe aber keine Auswirkungen auf die mathematische Kompetenz. Es ist die gleiche Entwicklung wie seinerzeit mit den Behandlungskonzepten bei Lese-Rechtschreib-Schwierigkeiten. In vielen wissenschaftlichen Untersuchungen und in der praktischen Arbeit mit Betroffenen konnte nachgewiesen werden, dass man Lesen nur durch Lesen und richtig Schreiben nur durch Schreiben lernen kann. Entsprechend kann eine Therapie für Kinder mit Schwierigkeiten im Rechnen nur dann erfolgreich sein, wenn der Lerngegenstand im Mittelpunkt steht. Überspitzt kann man daher auch fürs Rechnen formulieren: Rechnen lernt man nur durch Rechnen.

Rechnen lernt man nur durch Rechnen.

Hat unser Gehirn ein Rechenzentrum?

Seit einigen Jahren wird in Veröffentlichungen über Rechenprobleme auf Ergebnisse der Neurowissenschaften, d.h. der Lehre und Forschung über unser Nervensystem, verwiesen. Da menschliche Denkleistungen im Gehirn (Teil des Zentralnervensystems) stattfinden, sollte man sich den bisherigen Forschungsstand genau ansehen.

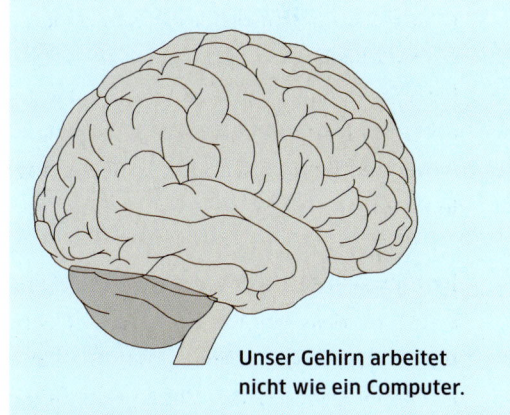

Unser Gehirn arbeitet nicht wie ein Computer.

Als eine der wenigen gesicherten Erkenntnisse gilt heute, dass es eine Art Rechenzentrum, zuständig für mathematische Fragen, in unserem Gehirn nicht geben kann, weil unser Gehirn modular aufgebaut ist. Diese Module müssen zur Lösung eines Problems miteinander verbunden werden. Einem guten Rechner gelingt es natürlich müheloser, die notwendigen Verbindungen herzustellen, als einem schlechten Rechner. Dabei arbeitet unser Gehirn assoziativ, indem es neues an vorhandenes Wissen anknüpft. Unser Gehirn arbeitet nicht wie ein Computer, der sehr schnell auch mit sehr großen Zahlen rechnen kann, wenn er entsprechend programmiert wurde. Demgegenüber fällt Kopfrechnen auch mit kleineren Zahlen vielen Erwachsenen schwer. Man kann z. B. bei ihnen eine Mechanik des Rechnens feststellen, wofür Dehaene zwei eindrucksvolle Testfragen angegeben hat.

Versuchen Sie, ganz spontan folgende Fragen
zu beantworten:
1. Ein Bauer hat acht Kühe, alle bis auf fünf sterben.
   Wie viele Kühe bleiben ihm?
2. Anna hat fünf Puppen, zwei weniger als Katrin.
   Wie viele Puppen hat Katrin?

Nun, wahrscheinlich sind Sie auch mechanisch vorgegangen und haben bei beiden Aufgaben subtrahiert, d. h. acht minus fünf und fünf minus zwei gerechnet. Dies wurde Ihnen durch die Worte »bis auf« und »weniger als« nahegelegt. Beim Nachdenken haben Sie natürlich gemerkt, dass dem Bauern fünf Kühe bleiben und Katrin sieben Puppen hat. Solche Aufgaben können Ihnen eine Ahnung davon vermitteln, wie Kinder mit Schwierigkeiten im Rechnen vorgehen. Sie neigen dazu, möglichst schnell und ohne viel Nachdenken eine Aufgabe zu lösen.

Kann die Neurodidaktik zusätzliche Hilfen geben?

Seit ca. 20 Jahren gibt es eine neue Fachrichtung: die Neurodidaktik. Mit ihrer Hilfe sollen neurowissenschaftliche Erkenntnisse für die Erziehungswissenschaft (Pädagogik) nutzbar gemacht werden. Dabei sind durch die neuere Entwicklung der bildgebenden Verfahren einige Neurodidaktiker zu sehr weitreichenden Interpretationen ihrer Beobachtungen gelangt, was Kritik herausfordert (u. a. Westerhoff 2008).

So erhoffen Forscher, mithilfe bildgebender Verfahren unter anderem darüber Aufklärung zu erhalten, wie das Denken, und darunter auch mathematisches Denken, funktioniert (bzw. funktionieren soll). Mithilfe der Magnetresonanztomografie kann z. B. sichtbar gemacht werden, an welchen Stellen des Gehirns Gedächtnisinhalte entstehen. Wie der Neurowissenschaftler M. Velden hierzu hervorhebt, kann das Sichtbarmachen von Aktivitäten in bestimmten Gehirnregionen allerdings nicht wiedergeben, **wie** diese Gehirnzellen den mentalen Vorgang vermitteln, lediglich **dass** sie ihn vermitteln. Demnach kann die Neurowissenschaft derzeit nicht angeben, wie das Lernen mittels der Gehirnzellen und ihrer Verknüpfungen im Einzelnen funktioniert.

Nach meinem Wissen liefern deshalb die bildgebenden Verfahren beim heutigen Erkenntnisstand keine zusätzlichen praktischen Hilfen für die Förderung von Kindern mit Rechenschwierigkeiten. Erfahrene Pädagogen begrüßen es zwar, wenn die Neurowissenschaftler die normalen und krankheitsbedingten Vorgänge des Lernens untersuchen, aber sie wenden sich gegen den Anspruch, aus bildgebenden Verfahren pädagogisches Handeln ableiten zu können.

Was besagt der Begriff Rechenschwierigkeiten (RS)?

In Übereinstimmung mit Fritz, Ricken, Wehrmann u. a. wird in diesem Ratgeber nur noch der Begriff Rechenschwierigkeiten (RS) verwendet. Rechenschwierigkeiten sind anhaltende, d. h. sich über einen Zeitraum von mindestens einem halben Jahr erstreckende, systematisierbare, d. h. in gleicher Weise regelmäßig auftretende und feststellbare, sowie subjektive, d. h. sich bei jedem Kind unterschiedlich zeigende rechnerische Fehlleistungen.

Kinder mit RS haben einen größeren Entwicklungsrückstand in ihrer mathematischen Kompetenz. Diese Definition hat sich in meiner langjährigen Arbeit mit Betroffenen als sinnvoll erwiesen. Rechenschwierigkeiten treten vor allem im Bereich der Arithmetik mit ihren vier Grundrechenarten auf, d. h. der Addition, Subtraktion, Multiplikation und Division, und weniger in der Geometrie. Erfolgreiches Lernen dieser arithmetischen Operationen erfordert das verstandesmäßige Erfassen der mathematischen Begriffe und Zusammenhänge, also kognitive, d. h. die Erkenntnisse betreffende Klarheit. Damit die verstandenen mathematischen Operationen auch bei Bedarf abrufbereit sind, müssen sie intensiv wiederholt und eingeübt werden. Schwierigkeiten im Rechnen haben Auswirkungen auf das Selbstwertgefühl und die Motivation des Kindes und können bis zur Lernblockade führen.

Rechenschwierigkeiten betreffen vor allem die Arithmetik und weniger die Geometrie in der Grundschule.

Wenn eine schulische Förderung nicht ausreicht oder gar nicht stattfindet, stehen Sie als Eltern vor der Entscheidung, entweder zu versuchen, Ihrem Kind selbst zu helfen, eine außerschulische Förderungseinrichtung in Anspruch zu nehmen (siehe S. 127 ff.) oder einen geeigneten Dritten darum zu bitten. Dieser müsste die Ratschläge und Hinweise befolgen, die in diesem Ratgeber für Sie als Eltern insbesondere ab Seite 51 ff. beschrieben werden.

Dieser Elternratgeber kann auch zur Förderung von Kindern durch geeignete Dritte eingesetzt werden.

Rechnen lernt man nur durch Rechnen!

In vielen wissenschaftlichen Untersuchungen und in der praktischen Arbeit mit Betroffenen konnte nachgewiesen werden, dass man Lesen nur durch Lesen und Schreiben nur durch Schreiben lernen kann. Entsprechend kann eine Therapie für Kinder mit Rechenschwierigkeiten nur dann erfolgreich sein, wenn der Lerngegenstand im Mittelpunkt steht. Denn:

> Es gibt keine durch wissenschaftliche Untersuchungen belegten Beweise dafür, dass Wahrnehmungsübungen bei Rechenschwierigkeiten helfen.

> Ein Training der Wahrnehmung kann nur die Fähigkeiten in diesem Bereich verbessern, hat aber keine Auswirkungen auf den Aufbau mathematischer Kompetenz.

> Unser Gehirn hat kein Rechenzentrum und es ist modular aufgebaut. Es arbeitet nicht wie ein Computer.

> Nach bisherigen Erkenntnissen liefern Untersuchungen mit bildgebenden Verfahren (z. B. mit MRT) keine zusätzlichen Hilfen bei Rechenschwierigkeiten.

> Kinder mit Rechenschwierigkeiten haben einen größeren Entwicklungsrückstand in ihrer mathematischen Kompetenz.

Wer stellt fest, ob Ihr Kind Rechen- schwierigkeiten hat?

Fehlt Unterstützung oder fachliche Kompetenz der Lehrkraft, so wird eine Hilfe außerhalb der Schule gesucht. Das Spektrum institutioneller Angebote ist groß.

Häufig sind es Eltern wie Sie, denen früher als der Lehrerin bei den Hausaufgaben auffällt, dass ihr Kind Schwierigkeiten beim Rechnen hat. In der Regel macht das Kind nicht nur viele Fehler, sondern es verwendet auch unpassende Vorgehensweisen beim Rechnen der Aufgaben. Da Eltern in der Regel nur geringe mathematische Fachkenntnisse haben, beginnt für Betroffene eine langwierige, oft frustrierende Suche nach Aufklärung und Hilfe. Fehlt Unterstützung oder fachliche Kompetenz der Lehrkraft, so wird eine Hilfe außerhalb der Schule gesucht. Das Spektrum institutioneller Angebote ist groß, den Anbietermarkt im Internet können auch Fachleute nicht mehr überblicken. Es gibt staatliche, kirchliche oder private Einrichtungen, von denen Eltern fachlichen Rat erwarten. Je nach ihrem theoretischen Konzept versuchen die Mitarbeiterinnen und Mitarbeiter von Beratungsstellen entweder selbst, die Schwierigkeiten eines Kindes abzuklären, oder sie verweisen die Eltern an andere Experten, wie psychologische, lerntherapeutische oder kinderärztliche Praxen weiter.

Beispiel 3: Gutachten Lisa

Gutachten einer Ärztin für Kinder- und Jugendpsychiatrie
Vorgeschichte

Als Lisa acht Jahre alt war und die 2. Klasse einer Grundschule besuchte, stellte die Mutter bei den Hausarbeiten mit ihrer Tochter fest, dass diese noch mit den Fingern zählte, dadurch viel zu langsam war und sich oft verrechnete. Die Subtraktion hatte sie nicht verstanden und sie verwechselte Zehner und Einer. Lisa wurde bei ihren Rechenaufgaben zunehmend unkonzentrierter und unsicherer. Vor den Klassenarbeiten in Mathematik steigerten sich ihre Ängste und sie bekam nicht selten Bauchschmerzen.

Trotzdem erhielt sie im Versetzungszeugnis zur dritten Klasse in Mathematik die Note befriedigend bei sonst ebenfalls befriedigenden und guten Noten in den anderen Fächern.

Zum Arbeits- und Sozialverhalten wurde vermerkt, dass Lisa auf die Unterstützung der Lehrerin angewiesen sei und noch vorwiegend mechanisch und reproduktiv lerne. Zum Lösen von Additions- und Subtraktionsaufgaben benötige sie Hilfsmittel. Lisa war mit ihrer Mathematiknote zufrieden, die Mutter dagegen verunsichert. Ein Gespräch mit der Lehrerin war wenig hilfreich, denn diese meinte, der Knoten platze irgendwann von allein. Daraufhin suchte die Mutter Rat bei einer ihr von einer anderen Mutter empfohlenen Ärztin für Kinder- und Jugendpsychiatrie, um die Schulschwierigkeiten ihrer Tochter abklären zu lassen.

Der Knoten platzt nie von allein.

Testergebnisse

Nach Durchführung zweier Tests stellte die Ärztin in ihrer kinderpsychiatrischen Bescheinigung die Diagnose Dyskalkulie, gemäß der Definition F81.2 der Weltgesundheitsorganisation (WHO). Ihre Diagnose beruhte auf den Ergebnissen aus einem (im Gutachten nicht näher bestimmten) Intelligenztest und im Rechentest Zareki. Aufgrund der Ergebnisse im Intelligenztest hätte Lisa eine durchschnittliche Intelligenz. Der Rechentest ergab einen Prozentrang von 1, was bedeutet, dass 99 % einer Stichprobe von Kindern gleichen Alters bessere Ergebnisse als Lisa zeigten. Das Gutachten schloss mit der Empfehlung, dass Lisa umgehend eine Rechenförderung erhalten müsse, da eindeutig eine Dyskalkulie vorliege.

Testergebnisse und Schulnoten können bei der Beurteilung eines Kindes zu widersprüchlichen Folgerungen führen.

Folgerungen

Lisas Mutter war einerseits erleichtert, dass sich ihre Vermutung bestätigt und ihre Tochter ernsthafte Rechenprobleme hatte. Andererseits war sie frustriert, da das Gutachten keinerlei Hinweise auf konkrete Fördermaßnahmen gab. Auch war ihr nicht verständlich, warum gemäß Test fast alle Gleichaltrigen besser rechnen konnten als ihre Tochter mit Prozentrang 1, während die Mathematikleistungen in der Schule, wenn auch mit Einschränkungen, mit befriedigend benotet wurden. Da sie keine Erklärung für die widersprüchlichen Einschätzungen der mathematischen Leistungen ihrer Tochter hatte, wandte sich die Mutter an mich. Ich führte keine weiteren Tests durch, sondern ein Beratungsgespräch mit der Mutter und dem Kind (siehe S. 130 ff.).

Danach hatte Lisa – entgegen der Benotung in der Schule – einen Entwicklungsrückstand zu den aktuellen schulischen Anforderungen von ca. 1 bis 1½ Jahren, der sich bereits negativ auf ihre psychische Befindlichkeit auswirkte. Da kein schulisches Förderangebot vorhanden war und die Mutter sich nicht zutraute, ihrem Kind selbst zu helfen, empfahl ich eine außerschulische Förderung entsprechend dem FIT-Konzept (siehe S. 128 ff.).

Welche Untersuchungen sind in einer Beratungsstelle üblich?

Bevor Sie mit Ihrem Kind zu einer Beratungsstelle gehen, sollten Sie sich darüber informieren, welche Untersuchungen Ihr Kind dort erwarten, und sich überlegen, ob Sie diese Ihrem Kind zumuten wollen. So wurden beispielsweise von einer kommunalen Kinder-Jugend-Elternberatungsstelle folgende Untersuchungen durchgeführt:

Feststellung des kognitiven Entwicklungsstands mithilfe des K-ABC (Kaufmann-Assessment Battery for Children)
Feststellung der Rechenfertigkeit und der umfassenden mathematischen Leistung mithilfe des MT 2 (Mathematiktest für 2. Klassen)

Mit diesen Tests soll festgestellt werden, ob die Schwierigkeiten Ihres Kindes den Vorstellungen der Beratungsstelle von einer Dyskalkulie entsprechen oder nicht. In der Regel werden ein Intelligenztest (wie der K-ABC) und ein Rechentest (wie der MT 2) und oftmals noch weitere Verfahren durchgeführt, die für Ihr Kind anstrengend und nicht ermutigend sein können. Diese Testauswahl beruht auf einem inzwischen vielfach kritisierten

Vielfach werden bei Diagnosen sowohl Intelligenz- als auch Rechentests eingesetzt.

Internationale Klassifikation psychischer Störungen ICD-10 (WHO) – Rechenstörungen: Diese Störung beinhaltet eine umschriebene Beeinträchtigung von Rechenfertigkeiten, die nicht allein durch eine allgemeine Intelligenzminderung oder eine eindeutig unangemessene Beschulung erklärbar ist. Das Defizit betrifft die Beherrschung grundlegender Rechenfertigkeiten wie Addition, Subtraktion, Multiplikation und Division, weniger die höheren mathematischen Fertigkeiten, die für Algebra, Trigonometrie, Geometrie und Differenzial- sowie Integralrechnung benötigt werden.

Konzept, wonach besondere Rechenschwierigkeiten (Dyskalkulie) nur dann vorliegen, wenn Zusammenhänge zwischen der Rechenleistung des Kindes und seiner Intelligenz bestehen. Dabei weist bereits Röhrig (1996) auf die falsche Zuordnung von Intelligenz und Rechenleistung hin und Untersuchungen von Helmke (1997) bestätigen, dass die Zusammenhänge zwischen beiden schon sehr frühzeitig in der Grundschule abnehmen. Eine Dyskalkulie liegt vor, wenn Ihr Kind eine mindestens durchschnittliche Testintelligenz erreicht, da davon ausgegangen wird, dass sonst keine »spezifische Leistungsminderung« im Rechnen vorliegt. Schneidet Ihr Kind demnach im Intelligenztest schlecht ab, liegt nach dieser Vorstellung keine Dyskalkulie vor und Ihr Kind ist laut Definition nicht förderungsbedürftig.

Eine in diese Richtung weisende Interpretation lässt die von der Weltgesundheitsorganisation (WHO) festgelegte Definition einer Rechenstörung (F81.2) zu, die dann gegeben ist, wenn sie »nicht allein durch eine allgemeine Intelligenzminderung [...] erklärbar ist«. Im Übrigen verweist die WHO-Definition auf den Umstand, dass eine Rechenstörung nur dann besteht, wenn sie sich auf die Beherrschung grundlegender Rechenfertigkeiten bezieht und nicht auf die höhere Mathematik.

Nach der WHO-Definition beziehen sich Rechenstörungen nicht auf die höhere Mathematik.

Beachtenswert ist, dass durch die Definition der WHO Beeinträchtigungen der Rechenfertigkeiten als psychische Störung klassifiziert und somit als Krankheit angesehen werden. Daher konnte früher eine Dyskalkulie-Therapie über die Krankenkassen abgerechnet werden. In Deutschland werden derzeit Therapien bei gravierenden Rechenschwierigkeiten fast ausschließlich nach dem Kinderjugendhilfegesetz (KJHG) und dem Bundessozialhilfegesetz (BSHG) bezuschusst bzw. finanziert.

Die Finanzierung einer Therapie kann nach dem KJHG erfolgen.

Auszüge aus dem KJHG § 27 Hilfe zur Erziehung

(1) Ein Personensorgeberechtigter hat bei der Erziehung eines Kindes oder eines Jugendlichen Anspruch auf Hilfe (Hilfe zur Erziehung), wenn eine dem Wohl des Kindes oder des Jugendlichen entsprechende Erziehung nicht gewährleistet ist und die Hilfe für seine Entwicklung geeignet und notwendig ist.
(3) Hilfe zur Erziehung umfasst insbesondere die Gewährung pädagogischer und damit verbundener therapeutischer Leistungen. [...]

Entgegen der geschilderten Vorstellung in vielen Beratungsstellen vertrete ich gemeinsam mit anderen Fachleuten die Auffassung, dass alle Kinder förderungswürdig und -fähig sind. Statt Intelligenz- und Rechentests haben sich klinische Interviews, wie ich sie in den Beratungsgesprächen einsetze, als wesentlich präzisere Diagnoseinstrumente erwiesen. Da jedoch nach wie vor Beratungsinstitutionen die klassischen Testverfahren verwenden, sollten Sie sich einige Grundkenntnisse aneignen.

Was messen Intelligenztests?

Da es keine allgemein verbindliche Definition des Begriffs Intelligenz gibt, messen Intelligenztests grob gesehen das, was die jeweiligen Autoren unter Intelligenz verstehen. Daher existieren unterschiedliche Arten von Intelligenztests. So verwendet z. B. der Grundintelligenztest CFT 20 überwiegend grafische Darstellungen für die Testaufgaben, während Verfahren wie der Hawik R oder der K-ABC bei den Testaufgaben vorwiegend ein Sprachverständnis voraussetzen.

Die Antwort auf die Frage »Was ist Intelligenz?« brachten Binet und Simon bereits vor hundert Jahren mit Vernunft, Urteilsvermögen und Verständnisvermögen in Zusammenhang. Sie waren auch die Ersten, die Intelligenz zu messen versuchten. Seitdem wird das Ergebnis aus einem Intelligenztest durch einen Intelligenzquotienten IQ zusammengefasst. Dabei handelt es sich bei Binet um den Quotienten aus Intelligenzalter und Lebensalter, der mit Hundert multipliziert wird. Das Intelligenzalter wird mithilfe des Durchschnittswerts einer Stichprobe von Gleichaltrigen ermittelt. Hat z. B. ein 5-Jähriger die Intelligenz einer Stichprobe von 6-Jährigen, dann hat sein IQ mit $6 : 5 \cdot 100 = 120$ den gleichen Wert wie der eines 10-Jährigen mit einem Intelligenzalter von 12 ($12 : 10 \cdot 100 = 120$). Hier zeigt sich bereits eine Problematik dieses Quotienten, da der 10-Jährige seiner Altersgruppe um 2 Jahre und der 5-Jährige nur um 1 Jahr voraus ist. Um die Messwerte über alle Altersgruppen besser vergleichbar zu machen, verzichtete man später auf die Bildung eines Quotienten, behielt aber die bisherige Bezeichnung IQ bei. Nach der neuen Berechnungsmethode wird der IQ-Wert auf die Normalverteilung (sog. Gaußsche Glockenkurve) abgebildet. Dabei wird die Leistung eines Kindes in Graden der Abweichung vom Erwartungswert der Altersgruppe bestimmt.

Zusätzlich unterscheidet man noch zwischen Lernbehinderung bei einem IQ von 70 bis 80 und geistiger Behinderung bei einem IQ unter 70. Alle diese Zuschreibungen sind jedoch ebenso problematisch wie die Tests selbst und keineswegs bei allen Testautoren gleich.

Was messen Rechentests?

Wie bei den Intelligenztests gibt es auch bei den Rechentests sehr unterschiedliche Verfahren. Bei den meisten werden die individuellen Leistungen eines Kindes ins Verhältnis zu einer Vergleichsgruppe gleichaltriger Kinder gesetzt, die mit den gleichen Testaufgaben konfrontiert wurden.

Ein Rechentest besteht meist aus Untertests, in denen z. B. Aufgaben zu den einzelnen Grundrechenarten behandelt werden. Das Ergebnis eines Rechentests wird nicht mit einem IQ-Wert, sondern mit einem **Prozentrang** (PR) angegeben. Erhält ein Kind bei einem Rechentest den Prozentrang 20, so wird aufgrund der Stichprobe davon ausgegangen, dass von 100 Kindern der Bezugsnorm (z. B. Alter) 80 Kinder besser rechnen können oder andersherum 20 Kinder gleiche oder schlechtere Leistungen haben.

Der Prozentrang PR bei einem Rechentest gibt an, welche Rangposition ein Kind in einer Vergleichsgruppe einnimmt.

In der Regel werden bei derartigen Tests die Kinder gleicher Jahrgangsstufen verglichen. Beim Mathematiktest MT 2, werden beispielsweise die Schüler von zweiten Klassen, beim Deutschen Mathematiktest DEMAT 3, die Schüler von dritten Klassen verglichen. Es gibt aber auch Tests, die für eine Schülergruppe entwickelt wurden, die mehrere Jahrgangsstufen umfasst, wie das Testverfahren zur Dyskalkulie Zareki für Schüler der Grundschule. Rechentests können sich aus unterschiedlichen Untertests zusammensetzen. So besteht der MT 2 aus sechs Untertests mit Aufgaben zu den Bereichen Zahlen ordnen und vergleichen, Addition, Subtraktion und Multiplikation. Der in diesem Buch angeführte und weitverbreitete Zareki setzt sich aus elf Untertests zusammen, zu denen Abzählen, Rückwärtszählen, Zahlen schreiben, Mengenbeurteilungen, Textaufgaben und Kopfrechnen gehören.

Was können Rechen- und Intelligenz- tests leisten?

Häufig beruht die Feststellung einer »Rechenschwäche« auf der Durchführung eines Intelligenz- und eines Rechentests, da von einem engen Zusammenhang zwischen Rechenleistung und Intelligenz ausgegangen wird. Um »förderungswürdig« zu sein, muss ein Kind nach dieser Vorstellung mindestens eine durchschnittliche Intelligenz haben.
Eltern müssen wissen, dass alle Schüler mit Rechenschwierigkeiten gefördert werden sollten, ohne Berücksichtigung eines Intelligenztests.

> **Zu den bei Grundschülern verwendeten Rechentests gehören z. B.:**
> ZAREKI: Testverfahren zur Dyskalkulie in Einzeltests.
> DEMAT: Deutscher Mathematiktest für 1. bis 4. Klassen.
> SR 1 – 3: Schweizer Rechentest für 1. bis 3. Klassen.
> MT 2: Mathematiktest für 2. Klassen.
>
> Diese Tests können einen groben Überblick über die Leistungen einzelner Kinder oder Klassen geben.

> **Die Nachteile der standardisierten Rechentests sind:**
> Sie prüfen im Wesentlichen nur Aufgabenergebnisse ab.
> Sie ermöglichen keine ausreichenden Aussagen über die individuellen Rechenstrategien.
> Sie bieten keine passenden Ansätze zur Förderung.

Als wesentlich präziseres Diagnoseinstrument als Rechentests haben sich Beratungsgespräche mit Eltern und Kind ergeben.

Wie helfen Sie Ihrem Kind beim Rechnen?

Wollen Sie Ihr Kind im Rechnen erfolgreich fördern, so sollten Sie sich an die in diesen Kapiteln ausführlich dargestellten Anleitungen und mathematischen Methoden halten. Haben Sie dabei Geduld und Ausdauer, denn auch Erwachsene müssen sich erst einmal wieder einarbeiten.

Bevor Sie die Förderung selbst in die Hand nehmen wollen, sollten Sie sich fragen, ob Sie es sich zutrauen. Ist das Verhältnis zu meinem Kind durch die bisherigen schulischen Misserfolge nicht schon zu stark belastet? Kann ich es schaffen, eine möglichst spannungsfreie positive Lernatmosphäre herzustellen? Habe ich genügend mathematisches Wissen und ausreichend Zeit?

In vielen Fachbüchern und Elternratgebern wird den Eltern empfohlen, die Förderung grundsätzlich einem »Spezialisten« zu überlassen, weil es Eltern nur selten gelinge, ein störungsfreies Verhältnis beim Lernen herzustellen. Hinzu kommt, dass Eltern meist nicht die nötigen Kenntnisse hinsichtlich des Lerngegenstandes Mathematik haben, oder sie lernten in ihrer Schulzeit andere Rechenverfahren als ihr Kind.

Viele Elternratgeber beschränken sich deshalb darauf, Eltern von Kindern mit RS zu raten, mit ihnen Funktionsübungen – z.B. zur Verbesserung der visuellen Wahrnehmung (siehe S. 26 ff.) – durchzuführen, im Glauben, dass derartige Übungen die Rechenfertigkeiten des Kindes verbessern. Dafür gibt es jedoch keine messbaren Beweise, wie bereits ausgeführt. Besser beraten sind Sie, wenn Sie mit Ihrem Kind nach dem in diesem Ratgeber vorgestellten FIT-Konzept (siehe S. 128 ff.) vorgehen bzw. eine außerschulische Einrichtung finden, deren Förderangebot dem FIT-Konzept ähnelt.

Damit Eltern ihrem Kind selbst helfen können, benötigen sie ein möglichst spannungsfreies Verhältnis zum Kind und mathematisch-didaktische Grundkenntnisse.

Für eine kompetente Förderung von Kindern mit RS fehlen leider vielerorts ausreichend qualifizierte Fachkräfte und zwar sowohl in den Schulen als auch in außerschulischen Fördereinrichtungen. Selbst da, wo es entsprechende Fachkräfte, gibt und die Möglichkeit einer Kostenübernahme durch die öffentliche Hand besteht, vergeht häufig bis zum Beginn einer Maßnahme viel kostbare Zeit. Wartezeiten von einem Jahr und mehr bis zur Bewilligung einer Therapie sind keine Seltenheit. Auch bei außerschulischen Einrichtungen kann es sein, dass Sie zunächst auf eine Warteliste gesetzt werden. In jedem Fall sollten Sie keine weitere Zeit verstreichen lassen und versuchen, für Ihr Kind Hilfe zu organisieren – entweder durch Sie selbst oder durch Dritte.

Eltern sollten nach dem Erkennen der Rechenprobleme ihres Kindes möglichst rasch handeln.

Günstig – beim Hilfsangebot durch Dritte – wären natürlich eine pädagogische und mathematische Vorbildung, ein gutes Verständnis für Ihr Kind und die Fähigkeit, zu motivieren. Diese Person sollte nach dem in diesem Ratgeber vorgestellten Konzept arbeiten, das sich in vielen Fällen als sehr erfolgreich bewährt hat.

Welche Fähigkeiten und Grundkenntnisse brauchen Sie?

Es sind einmal Verhaltensweisen, die Sie beim Üben mit Ihrem Kind einhalten sollten, und zum anderen eine Reihe wichtiger Prinzipien, die Sie bei der Vermittlung mathematischen Basiswissens berücksichtigen müssen.

Im nächsten Abschnitt wird beschrieben, worauf Sie beim Üben achten müssen und was Sie vermeiden sollten. Die weiteren Abschnitte beinhalten einführende Kenntnisse der Mathematikdidaktik, d. h. der Art und Weise, wie Mathematik fachgerecht vermittelt wird. Versuchen Sie bitte nicht, die Verfahren aus Ihrem eigenen Mathematikunterricht an Ihr Kind weiterzugeben. Halten Sie sich an die Vorgehensweisen (Strategien) aus dem Unterricht und dem Schulbuch Ihres Kindes. Unterschiedliche Strategien verwirren Ihr Kind.

Bei einer Förderung reichen die Kenntnisse der Eltern aus dem eigenen Mathematikunterricht nicht aus.

Was sollten Sie beim Üben unbedingt beachten?

Um Lernerfolge zu erreichen, sind neben dem konkreten Üben eine positive Haltung und Geduld unabdingbar. Hinterfragen Sie daher kritisch Ihre Einstellung und prüfen Sie, ob Sie die folgenden Ratschläge beachten können.

Besonders wichtig beim Üben mit Ihrem Kind ist eine positive Einstellung! Wichtiger als alles Üben ist es, dass Ihr Kind spürt, dass Sie es so annehmen und lieben, wie es ist, unabhängig von seinen schulischen Leistungen, dass Sie es unterstützen wollen und sich Zeit für seine Sorgen und Freuden nehmen. Enttäuschende Leistungen sollten Sie weder durch Liebesentzug noch Verbote von Hobbys wie Fußballspielen, Schwimmen oder durch Fernseh- und Computerverbot bestrafen. Vielmehr sollten Sie auch kleinste Lernerfolge loben und richtige Lösungen hervorheben und belohnen.

Akzeptieren und motivieren Sie Ihr Kind! Akzeptieren Sie die Schwierigkeiten Ihres Kindes und üben Sie insbesondere keinen zusätzlichen Druck aus. Zeigen Sie Ihrem Kind, dass Sie überzeugt sind, dass seine Schulprobleme lösbar und Rechenprobleme nicht, wie immer wieder behauptet wird, ein unabdingbares Schicksal sind. Vermeiden Sie Vergleiche mit anderen Kindern und Geschwistern. Motivieren Sie Ihr Kind und stärken Sie sein Selbstwertgefühl, denn Schimpfen und ärgerliches Reagieren blockieren nur.

Wählen Sie die richtige Zeit und einen geeigneten Ort! Wählen Sie die Zeit für das Üben sorgsam aus, was bei Berufstätigkeit und immer mehr Ganztagsunterricht schwierig ist. Sinnvoll ist es, in einem Wochenplan die Zeiten für Hausaufgaben, die Zeiten zum Üben sowie feste Termine für Hobbys und die freie Zeit für Freunde, Familie und Pausen festzuhalten. Zum besseren Erkennen können Sie die Zeiten im übrigen auch farbig eintragen und die Zeitintervalle ganz nach Ihren Bedürfnissen variieren. Das zusätzliche Üben sollte möglichst immer zur gleichen Tageszeit stattfinden, jedoch sollten ein Tag in der Woche sowie jeweils eine Hälfte der Ferien übungsfrei bleiben. Die Übungszeit sollte je nach Alter und Belastbarkeit des Kindes gestaffelt sein und nicht länger als 20 bis 30 Minuten dauern, einschließlich kurzer Entspannungspausen. Ein ruhiger Platz ohne äußere Ablenkungen wie Handy, Radio, Fernseher oder Computer hilft der Konzentration. Auch Musik ist beim konzentrierten Lernen meist störend, ebenso wie Geschwisterkinder, die die konzentrierte Arbeit des Kindes unterbrechen.

Häusliche Übungen mit einem Kind sollten regelmäßig, aber nicht zu lange, und ohne äußere Ablenkung durchgeführt werden.

Erwarten Sie keine schnellen Ergebnisse! Lang andauernde Rechenprobleme können nicht über Nacht verschwinden. Erwarten Sie daher keine kurzfristige Verbesserung der schulischen Noten und werden Sie nicht ungeduldig mit sich und Ihrem Kind. Es gibt keine schnellen Lösungen für komplexe Probleme, auch wenn das immer wieder behauptet wird. Vergessen Sie bitte nicht, dass Ihr Kind – gerade wegen der zusätzlichen Belastungen – Zeit zum Entspannen, Zeit für Freunde, Spiel und Hobbys braucht!

Nicht Faulheit, Dummheit oder Unkonzentriertheit, sondern fehlendes Verständnis für die einzelnen Rechenschritte sind maßgebend dafür, dass auch lernwillige Kinder falsch rechnen.

Gehen Sie davon aus, dass Ihr Kind nicht aus Faulheit, Dummheit oder Unkonzentriertheit falsch rechnet, sondern weil es die Rechenschritte nicht ausreichend begriffen hat und daher resigniert, verweigert oder ablenkt.

Nachfolgend wird im Einzelnen dargestellt, wie die Lernschritte zum Verständnis des Rechnens in der Grundschule mit Ihrer Hilfe erreicht werden können.

Hat Ihr Kind RS, sollten Sie zunächst in dem Zahlenraum arbeiten, in dem Ihr Kind ohne Hilfe sicher rechnet. Das kann der Zahlenraum bis 10 oder 12 sein. Bis 12 gehört zu jeder Ziffer ein eigenes Zahlwort und erst danach setzen sich die Zahlen bis hundert aus dem jeweiligen Einer und Zehner zusammen. Kann Ihr Kind in der dritten Klasse noch nicht sicher bis 20 im Kopf rechnen, dann beginnen Sie dort. Erst danach ist es sinnvoll, in dem Zahlenraum zu üben, in dem die Klasse Ihres Kindes rechnet. Sofern Ihr Kind die Aufgaben noch zählend löst, sollten Sie prüfen, ob Ihr Kind seine Zählfähigkeit (vorwärts-, rückwärtszählen) mit den Zählprinzipien verbinden kann.

Zählprinzipien

Eindeutigkeit: Jedem der zu zählenden Gegenstände kann nur ein Zahlwort (eins, zwei, …) zugeordnet werden und zu einem Zahlwort gehört nur ein Gegenstand.

Stabile Ordnung: Die Reihenfolge der Zahlen ist immer gleich.

Abstraktion: Jede beliebige Anzahl von Gegenständen – gleichgültig, welche Merkmale sie haben – kann mit Zahlwörtern versehen und gezählt werden.

Beliebige Reihenfolge: Die Anzahl der Gegenstände ist unabhängig von der Reihenfolge, in der sie gezählt werden.

Erst wenn Ihr Kind im Zahlenraum bis 20 ausreichend sicher im Kopf rechnen kann, sollten die unterschiedlichen Möglichkeiten des Rechnens mit den Zahlen im Zahlenraum bis hundert und weiter behandelt werden. Auf jeden Fall sollten Sie die Rechenoperationen in den Zahlenräumen durch Darstellungen mit geeigneten Anschauungsmitteln gründlich erarbeiten. Geeignet sind u. a. Perlenketten, Plättchen, Muggelsteine und später Hundertertafel, Zahlenstrahl und Geld, die im Folgenden beschrieben und vorgestellt werden.

Das Zählen muss nach bestimmten Prinzipien erfolgen.

Zahlenräume
In der Grundschule werden allgemein in der ersten Klasse die Zahlen bis 20, in der zweiten Klasse die Zahlen bis 100, in der dritten und vierten Klasse die Zahlen bis eine Million behandelt.

Die Bedeutung des konkreten Handelns

Bei der Förderung eines Kindes mit RS ist es wichtig, das Denken des Kindes durch konkretes Handeln mit Anschauungsmitteln zu unterstützen, um ihm zu helfen, die Rechenoperationen zu »begreifen«. Anschauungsmittel, die geeignet sind, den Zugang zu mathematischen Aufgabenstellungen zu erleichtern, sind deshalb unerlässlich. Unter Fachleuten ist dabei immer wieder strittig, was das beste Material ist und wie viel Anschauungsmaterial verwendet werden sollte. Vorteilhaft ist es, Materialien zu verwenden, mit denen das Kind gern umgeht. Da auch der Umgang mit Material vom Kind erst gelernt werden muss und keines »selbstredend« ist, sollte es nicht zu häufig gewechselt werden. Es sollten deshalb nicht zu viele Materialien eingesetzt werden. Ich stelle Ihnen in diesem Buch besonders geeignete Übungsmaterialien vor, die Ihrem Kind zur Verfügung gestellt werden sollten.

Der Umgang mit Anschauungsmaterial muss auch gelernt werden.

Die Bedeutung der Automatisierung

Ein wichtiges Element der Förderung von Kindern mit RS ist das Automatisieren, d.h. das Üben des bereits Verstandenen durch mehrmalige Wiederholungen. Wenn ein Kind mithilfe des eben geschilderten konkreten Handelns eine Rechenoperation verstanden hat, muss dem unbedingt eine Automatisierung folgen, damit das Verstandene bei Bedarf (z.B. bei Klassenarbeiten)

Das Gelernte muss durch Wiederholungen gefestigt werden.

auch mit ausreichender Sicherheit eingesetzt werden kann. Andernfalls werden Sie beobachten, dass das Gelernte bald wieder vergessen ist. Bei außerschulischer Förderung, aber auch im Schulunterricht, reicht der zeitliche Rahmen für das Automatisieren des behandelten Stoffes oft nicht aus. Wenn das Elternhaus dann nicht helfend einspringt, wird der Unterschied zwischen den Kindern mit ausreichenden und nicht ausreichenden Schulleistungen immer größer. Deshalb ist es sehr wichtig, dass Sie mit Ihrem Kind die verstandenen Rechenaufgaben intensiv üben. Bei Kindern mit RS müssen in besonderem Maße das kleine Eins-plus-eins (siehe S. 65) und das kleine Ein-mal-eins (siehe S. 106 ff.) automatisiert werden. Sie sind die Basis für alle Additionen, Subtraktionen beziehungsweise Multiplikationen und Divisionen.

Erkennen der Mengeninvarianz

Das Erkennen der Mengeninvarianz wird von vielen Fachleuten (u. a. Piaget und Inhelder) als eine wichtige grundsätzliche Voraussetzung für das Rechnen mit Zahlen angesehen. Mengeninvarianz bedeutet, dass man die Form einer Menge, z. B. eine Kugel aus Knete, verändern kann, ohne dass die Menge mehr oder weniger wird. Nach der Verformung kann sie dann wieder in ihre ursprüngliche Form zurückgeführt werden.

Ein Kind muss erkennen, dass die Veränderung eines verformbaren Körpers wieder rückgängig gemacht werden kann.

Die Mengeninvarianz wird von Kindern dann richtig erkannt, wenn sie in der Lage sind, die Fragen zum folgenden Versuch richtig zu beantworten: Zeigen Sie Ihrem Kind zwei gleich große Kugeln aus Knete. Stellen Sie gemeinsam fest, dass beide Kugeln aus gleich viel Knetmasse bestehen. Dann verformen Sie eine

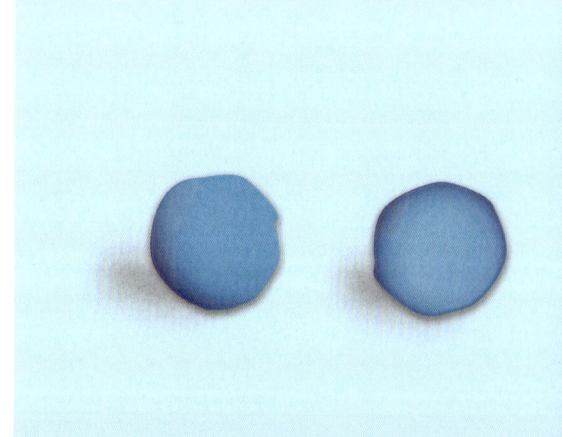

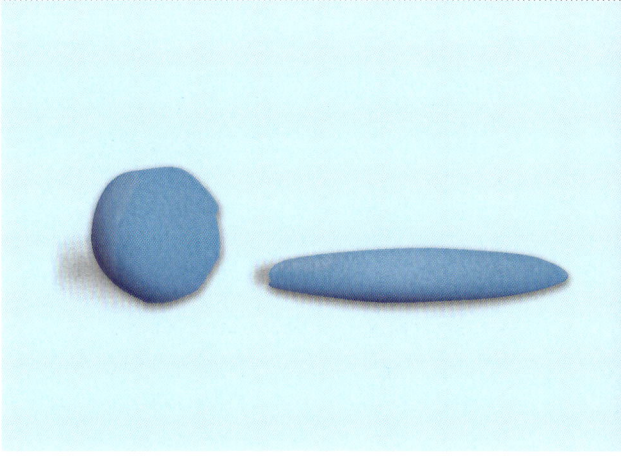

Kugel zu einer Wurst. Dadurch verändern Sie die Breite und Länge der Kugel. Fragen Sie nun Ihr Kind, ob sich bei der verformten Kugel – im Gegensatz zur anderen Kugel – die Menge der Knete verändert hat (Ist es mehr Knete? Ist es weniger Knete?) und ob die verformte Kugel wieder in die Ausgangsposition zurückgeführt werden kann.

Behauptet Ihr Kind nun, die verformte Kugel sei »mehr« geworden, da sie länger aussieht, so ist es nur auf eine Dimension fixiert (die Länge) und vernachlässigt die andere Dimension (die Breite). Das Kind erkennt nicht, dass sich aus der verformten Kugel wieder die gleiche Ausgangsform herstellen lässt. In diesem Fall ist Ihr Kind noch nicht in der Lage, eine einmal vollzogene Handlung gedanklich umzukehren.

Erst wenn Ihr Kind die beiden Dimensionen (Länge und Breite) richtig in seine Betrachtung einbeziehen kann und die Umkehrung des Vorganges (d. h. die Herstellung der Ausgangsform) versteht, hat es die Invarianz des festen Körpers erkannt. In der Regel wird es Ihnen keine besondere Mühe bereiten, Ihrem Kind – gegebenenfalls durch mehrmalige Wiederholung des Versuchs in wöchentlichem Abstand – das Erkennen der Mengeninvarianz zu ermöglichen.

Solche Versuche können auch mit flüssigen Mengen (den Inhalt von zwei unterschiedlich breiten und langen Wassergläsern umgießen) und diskreten Mengen (die Form einer Reihe von jeweils sechs paarweise zugeordneten Steinen verändern) durchgeführt werden.

Beispiele aus der Mathematik dafür, dass eine »Verformung« die Anzahl nicht verändert und die »Umkehrung« zur ursprünglichen Zahl zurückführt, können Sie den einfachen Aufgaben entnehmen:
Verformung: $2 + 3 + 4 = 3 + 4 + 2$
Umkehrung: $12 + 4 = 16$ mit Probe $16 - 4 = 12$

Erkennen der verschiedenen Zahlaspekte

Vielen Kindern mit RS und vielleicht auch Ihrem fällt das Erkennen der verschiedenen Aspekte der Zahlen schwer. Jede Zahl kann unter verschiedenen Gesichtspunkten (Aspekten) betrachtet werden. Naheliegend ist der **Ordinalzahlaspekt**. Er umfasst die Zählzahl, mit der die Reihenfolge beim Zählen angegeben wird (das Haus Nummer 3), und die Ordnungszahl, mit der die Rangfolge in einer Reihe benannt wird (die 2. Etage des Hauses). Kindern, die zählen können, ist der Ordinalzahlaspekt in der Regel geläufig. Sie können damit einfache Additions- und Subtraktionsaufgaben durch vorwärts- und rückwärtszählen lösen. Weniger bekannt ist der **Kardinalzahlaspekt** einer Zahl. Man erhält die Kardinalzahl beim Auszählen einer Menge mit der zuletzt genannten Zahl, die die Anzahl der Elemente dieser Menge angibt. Liegen beispielsweise fünf Äpfel auf dem Tisch, so gibt die Zahl 5 die gesamte Anzahl der Äpfel an. Mit den Kardinalzahlen werden Additionen durch Vereinigen der Elemente 3 Äpfel + 2 Äpfel = 5 Äpfel durchgeführt.

Die Kardinalzahl gibt die Anzahl der Elemente einer Menge an.

Ihr Kind hat den Kardinalzahlaspekt verstanden, wenn es nach der Durchführung dieser Aufgabe auf Ihre Frage: »Wie viele Äpfel liegen nun vor dir?«, spontan »Fünf« antwortet und die 5 bewusst auf die Anzahl der Äpfel bezieht. Dies gilt auch für Subtraktionen, die durch Wegnehmen (8 Äpfel – 5 Äpfel = 3 Äpfel) berechnet werden.

Handeln mit konkretem Material unterstützt auch das Verständnis für Kopfrechenaufgaben, zum Beispiel 11 + 2 = 13.

Hinzu kommen noch weitere Zahlaspekte, die im Laufe der Schulzeit eingeführt werden und nicht sofort bekannt sein müssen:

Maßzahlaspekt (3 cm, 5 Minuten)
Operatoraspekt (3-mal werden wir noch wach)
Rechenzahlaspekt (37 + 13 = 25 + 25)
Codierungsaspekt (Postleitzahl 65190)

Behandlung der Rechenoperationen im Zahlenraum bis zwanzig

Üben Sie mit Ihrem Kind das Kopfrechnen, so ist es sinnvoll, zunächst an Situationen anzuknüpfen, die veranschaulicht werden können: z. B. mit Muggelsteinen (bunte, flache Glassteinchen).

Mithilfe dieses Materials kann durch Hinzufügen und Wegnehmen anschaulich gemacht werden, was unter Addition (Plusrechnung) und Subtraktion (Minusrechnung) genau zu verstehen ist. Schon Vorschulkinder verfügen über anwendungsbezogenes Wissen, das es ermöglicht, die folgende Aufgabe zu lösen.

Tom hat 4 und Lena hat 10 Muggelsteine. Tom erhält von Lena 3 Steine. Wie viele Muggelsteine haben Tom und Lena nun?

Durch entsprechende Manipulation der Steinmenge (3 Steine von Lena zu Tom verschieben) können sie meist ohne Weiteres feststellen, dass beide danach 7 Steine haben.

Was allerdings nicht immer klar ist und deshalb deutlich werden muss, ist, dass diese Frage durch zwei Rechenaufgaben gelöst werden kann:

$4 + 3 = 7$ und $10 - 3 = 7$

Dazu muss das Kind verstehen, was die beiden Zeichen + und – beinhalten.

Kinder mit RS lösen einfache Additionen und Subtraktionen häufig zählend, wobei meist zusätzlich die Finger benutzt werden. Bei solchen Kopfrechenaufgaben verwenden Kinder unterschiedliche Vorgehensweisen (Strategien), die im Folgenden beispielhaft erläutert werden.

1. Vollständiges Auszählen

Bei der Aufgabe $5 + 3$ besteht die Strategie darin, sich zunächst fünf Gegenstände (z. B. Finger, Steine), dann drei vorzustellen und anschließend die Gesamtzahl durch vollständiges Auszählen zu ermitteln. Bei der Subtraktion $7 - 4$ werden zunächst in derselben Weise sieben Gegenstände zählend dargestellt und davon vier abgezogen, indem ebenfalls einzeln gezählt wird. Danach werden die verbliebenen drei ausgezählt. Bei größeren Anzahlen, bei denen über den Zehner gerechnet werden muss, verlieren die Kinder dann teilweise den Überblick und lassen

Kinder setzen oft verschiedene Zählstrategien ein.

Finger oder Steine weg oder zählen sie doppelt. Beim Rechnen mit den Fingern liegt es auch daran, dass wir nur zehn Finger haben und somit das Rechnen über zehn erschwert wird. Durch diese Zählstrategie kommen Lösungen zustande, die häufig vom richtigen Ergebnis minimal abweichen.

Wenn Kinder bereits den Kardinalzahlaspekt beherrschen, dann müssen sie die erste Zahl bei einer Addition oder Subtraktion nicht mehr auszählen und verwenden die folgende Strategie.

2. Weiterzählen, von der ersten Zahl ausgehend

Diese Strategie besteht bei der Aufgabe 5 + 3 darin, nicht mehr fünf auszuzählen, sondern, mit fünf beginnend, bis 8 weiterzuzählen. Bei der Aufgabe 7 – 3 werden, von sieben ausgehend, zählend 3 abgezogen. Auch hier kann es zu falschen Ergebnissen kommen, wenn die Kinder fehlerhaft zählen.

Eltern müssen sich darüber im Klaren sein, dass zählendes Rechnen für fast alle Kinder die Ausgangsbasis des Rechnens ist. Dabei benutzen in der Anfangszeit viele Kinder ihre Finger, da sie diese im Gegensatz zu anderen Anschauungsmitteln immer parat haben. Bei Schulbeginn entspricht das zählende Rechnen dem, was die Vorschulkinder vom Unterricht in der Schule erwarten, und sollte deshalb mit geeignetem Material auch gründ-

Es sind vor allem zwei Gründe, weshalb das zählende Rechnen mit und ohne Finger durch besser geeignete Verfahren ersetzt werden sollte:
1. Zählendes Rechnen führt bei den unterschiedlichen Strategien häufig zu fehlerhaften Ergebnissen.
2. Eine Aufgabe zählend zu rechnen dauert in der Regel zu lange und ist häufig ein Grund dafür, dass ein Kind zu den »langsamen Rechnern« gehört.

lich behandelt werden. Im Laufe des ersten Schuljahres sollte es aber durch Kopfrechnen ohne Zählen ersetzt werden. Leider gelingt es nicht allen Lehrerinnen, das zählende Rechnen bei ihren Schülern durch sichere und schnellere Rechenverfahren zu ersetzen. Dadurch vergrößern sich die Unterschiede zwischen Kindern mit und ohne Rechenprobleme.

Sollte Ihr Kind in der zweiten Klasse noch mit den Fingern rechnen, besteht die Gefahr, dass es zunehmend Schwierigkeiten im Rechnen bekommt.

Damit Ihr Kind effektive Strategien anwenden kann, muss es Zahlen zerlegen und zueinander in Beziehung setzen können. So besteht das **Prinzip der Zerlegung** von Zahlen darin, dass eine Zahl, z. B. 12, aufgefasst werden kann als eine Anzahl von Objekten (z. B. Steinen), die in unterschiedlicher Weise zerlegt werden kann, ohne die Gesamtzahl zu verändern (Kardinalzahlaspekt).

Prinzip der Zerlegung

Zahlen als Ganzes können in unterschiedlicher Weise in Teile zerlegt werden. 12 kann nicht nur in 10 und 2 zerlegt werden, sondern auch in 5 + 7 und hier wiederum die 5 in 2 + 3 und die 7 in 3 + 4.

Kinder mit RS erkennen derartige Zerlegungen nicht von selbst. Es muss mit ihnen systematisch mit beliebigen Zahlen geübt werden (siehe S. 67).

3. Kopfrechnen, ohne zu zählen

Ein erster Schritt, der vom zählenden Rechnen wegführt, ist die simultane Anzahlerfassung bis 6. Damit ist die die spontane Erfassung einer Anzahl (Muggelsteine), ohne zu zählen, gemeint.

Je weniger Muggelsteine ein Kind auf einen Blick erfassen kann, desto eher wird es mit den Fingern zählend rechnen. Wie bereits Gerster (1996) feststellte, sind für diese Kinder Übungen zur Anzahlerfassung sehr wichtig.

Im Allgemeinen erkennen auch Kinder mit RS die Anzahl von zwei und drei Muggelsteinen ohne große Schwierigkeiten auf einen Blick. Hilfreich ist es dabei, die Steine wie die Punkte auf einem Würfel anzuordnen. Mit etwas Übung erkennen sie auch vier und fünf Steine und schließlich auch sechs simultan, wenn sie jeweils einzeln und wiederholt in der oben dargestellten Form gelegt werden.

Die spontane Anzahlerfassung ist ein erster Schritt, der vom Zählen wegführt.

Mithilfe eines größeren Schaumstoffwürfels mit Punkten, den sie im Handel erhalten, können Sie die Anzahlerfassung mit Ihrem Kind einfach und anschaulich üben.

Gerster empfiehlt darüber hinaus auch das Erfassen von Punktmengen, die Sie mit Muggelsteinen einzeln und wiederholt wie folgt legen können:

Lassen Sie Ihr Kind die Punktmenge jeweils spontan nennen.

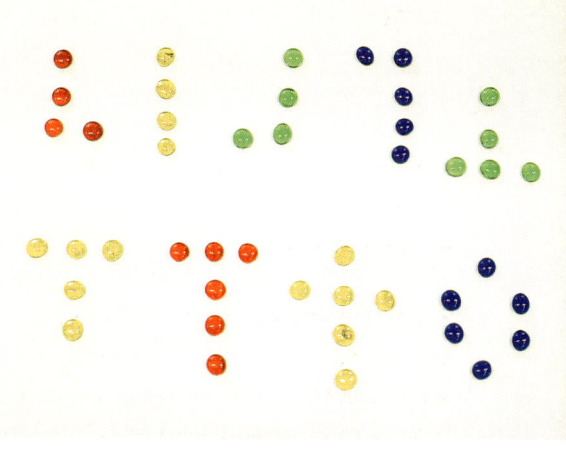

Diese Übungen mit den Punktmengen zeigen Ihrem Kind die verschiedenen Möglichkeiten der Zusammensetzung von Zahlen bis 6 und ihre »Verformungen«.

Ein nächster Schritt weg vom zählenden Rechnen ist die **Anzahlerfassung bis 10.** Das bedeutet die spontane Zuordnung einer Punktmenge, beispielsweise von Muggelsteinen, zu einer Zahl (Zahlwort). Als Anschauungsmaterial eignet sich auch hier ein Zehnerfeld, bestehend aus farbigen Muggelsteinen. Die Zahlen (Anzahlen) werden von links nach rechts (Leserichtung) erfasst.

Die farbige Fünfer-einteilung hilft Ihrem Kind dabei, sich schnell zu orientieren.

Sie können die Zuordnungen mit Ihrem Kind üben, indem Sie jeweils eine Anzahl von Muggelsteinen im Zehnerfeld durch einen Stift abgrenzen. Dieser Stift wird in den Abbildungen jeweils durch einen Strich gekennzeichnet. Ihr Kind nennt dann möglichst schnell, ohne zu zählen, die angezeigte Zahl.

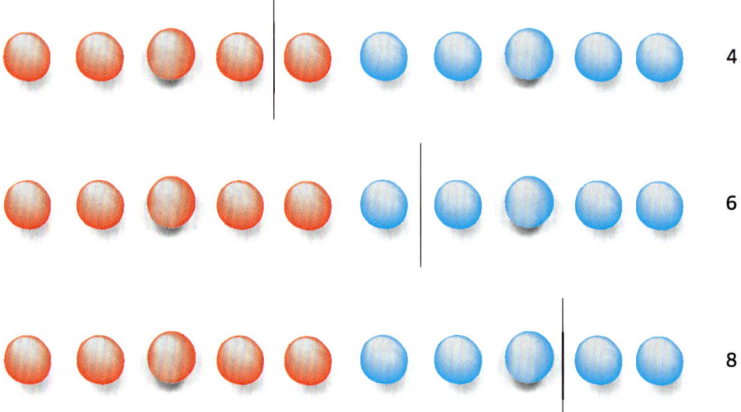

In gleicher Weise können Sie alle **Zerlegungen der Zahlen bis 10**, die eine Voraussetzung für das Teilschrittverfahren des nächsten Abschnitts sind, üben, z. B. 5 + 5, 7 + 3, 2 + 8.

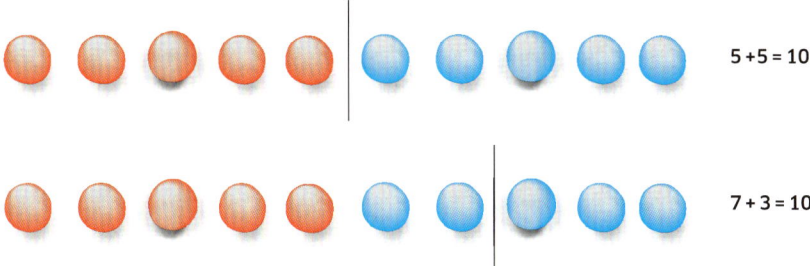

5 + 5 = 10

7 + 3 = 10

Behandlung des kleinen Eins-plus-eins

Zum kleinen Eins-plus-eins (einschließlich Eins-minus-eins) gehören alle Additionen und Subtraktionen im Zahlenraum bis 20. Die Aufgaben des kleinen Eins-plus-eins und Eins-minus-eins können Sie diesen Tabellen entnehmen.

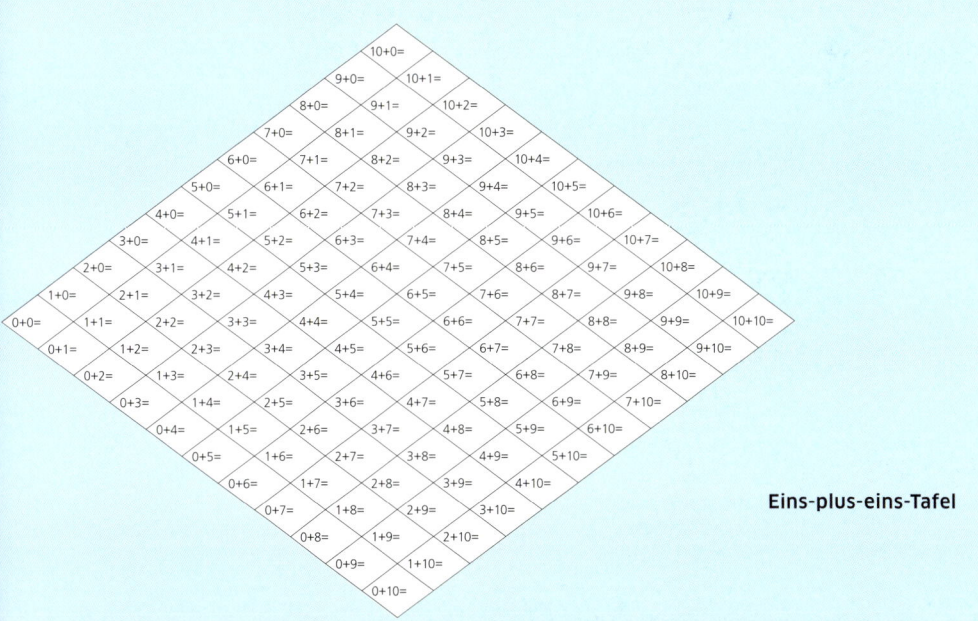

Eins-plus-eins-Tafel

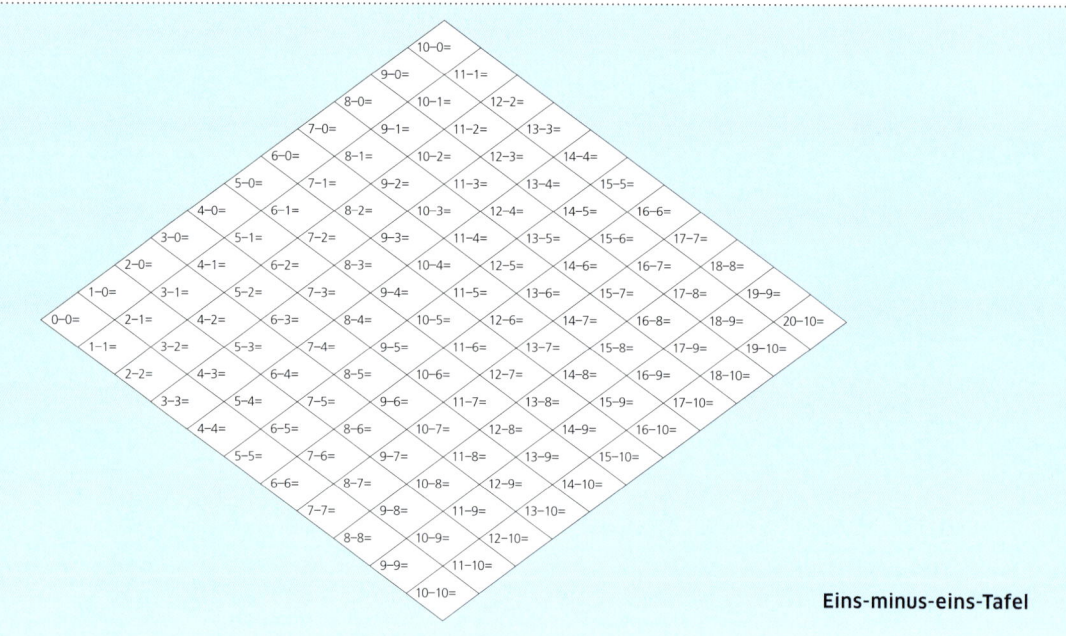

Eins-minus-eins-Tafel

Alle Kinder, auch die mit RS, müssen diese Aufgaben schnell und sicher im Kopf beherrschen. Sie sind die Grundlage für alle Additions- und Subtraktionsaufgaben, auch wenn sie schriftlich gelöst werden. Am schwierigsten sind für Kinder dabei die Zehnerübergänge, z. B. 8 + 7, 15 − 8. Häufig rechnen sie diese Aufgaben nach ihren eigenen Strategien, indem sie die ihnen vertrauten Zerlegungen der Zahlen benutzen. Wenn einem Kind z. B. die Zerlegung der 7 in 3 und 4 vertraut ist, wird es die auch meist verwenden. Das heißt, bei der Aufgabe 8 + 7 wird es zunächst 3 und dann 4 hinzunehmen. Diese Vorgehensweise ist jedoch für Kinder mit RS wenig geeignet. Besonders bewährt hat sich für diese Kinder das im Folgenden beschriebene Teilschrittverfahren, d. h. das Rechnen bis zum Zehner und dann mit dem Rest.

Zur Veranschaulichung der Rechenschritte beim kleinen Eins-plus-eins eignen sich farbige Muggelsteine (abwechselnd 5 rote und 5 blaue), die hier in zwei Zehnerreihen gelegt werden.

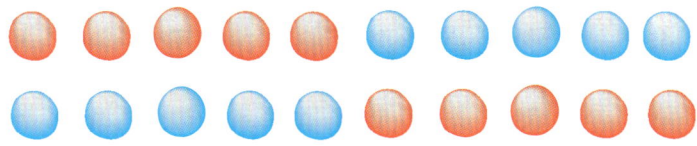

Zwanzigerfeld

Falls Ihr Kind z. B. die Aufgabe 8 + 7 im Zwanzigerfeld noch zählend lösen möchte (indem es die Steine oder Punkte einzeln abzählt), müssen Sie vorab folgende Übungen durchführen, damit Ihr Kind in der Lage ist, die einzelnen Schritte des Teilschrittverfahrens im Kopf abrufbereit zu haben.

Voraussetzungen für das Teilschrittverfahren bei der Addition

Wenn Sie die Ergänzungen der Zahlen bis 10 üben, sollten Sie dazu übergehen, die Handlungen von Ihrem Kind selbst ausführen zu lassen. Die konkrete Handlung erleichtert die Verinnerlichung, d. h. den verständnisvollen Umgang mit den Rechenoperationen (siehe S. 146).

Zerlegungen und Ergänzungen der Zahlen bis 10 erleichtern das Kopfrechnen.

Was Ihr Kind üben muss!
Alle Zerlegungen der Zahlen bis 10. Beispiel: Die Zerlegungen der Zahl 5 sind 0 + 5, 5 + 0, 1 + 4, 4 + 1, 2 + 3, 3 + 2.
Alle Ergänzungen der Zahlen bis 10. Beispiele: von 4 bis 10 sind 6, von 8 bis 10 sind 2.
Die Additionen zur 10 bis 20. Beispiele: 10 + 4 = 14, 10 + 1 = 11

Ausgehend vom Zehnerfeld mit Muggelsteinen, zeigt Ihr Kind z. B. bei der Ergänzung von 8 bis 10 zunächst mit einem Stift oder Finger die 8 Steine, indem es die Stelle hinter dem achten Stein mit dem Stift oder Finger kennzeichnet. Dann ergänzt es mit einem geschwungenen Bogen nach rechts die Steine bis 10.

8 + 2 = 10

Ihr Kind nennt dann spontan das Ergebnis 2, da 8 + 2 = 10 ist. Es erleichtert das Vorgehen, wenn Sie mit kleinen Ergänzungen beginnen und dann größere nehmen.

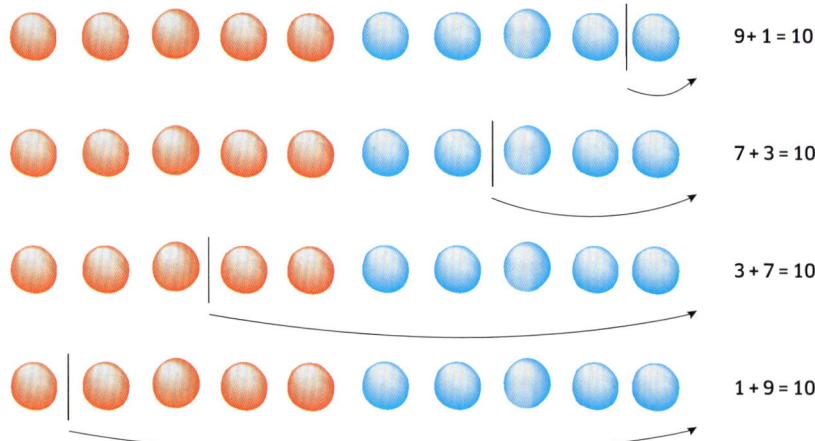

9 + 1 = 10

7 + 3 = 10

3 + 7 = 10

1 + 9 = 10

Die Additionen zur 10 üben Sie am Zwanzigerfeld, indem Ihr Kind von den 10 Steinen ausgehend mit dem Stift (Finger) die jeweilige Anzahl mit einem geschwungenen Bogen hinzunimmt und das Ergebnis dann nennt.

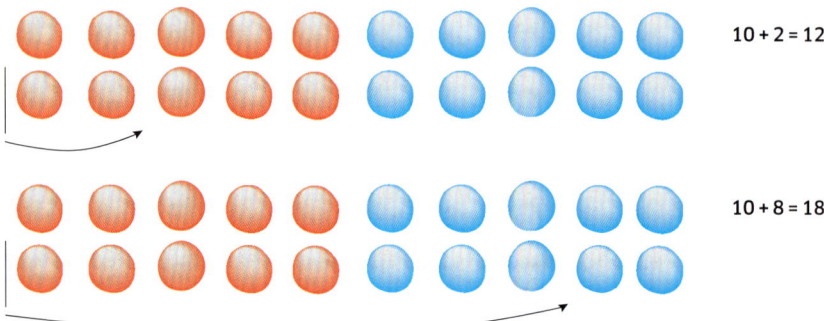

10 + 2 = 12

10 + 8 = 18

Voraussetzungen für die Subtraktion:

Was Ihr Kind zusätzlich üben muss!
Alle Subtraktionen von der 10. Beispiele: 10 – 3, 10 – 6.

Wie bei der Addition geht Ihr Kind hier vom Zehnerfeld mit Muggelsteinen aus und zeigt mit einem Stift (Finger) z. B. bei der Aufgabe 10 – 3 zunächst die 10 Steine und dann mit einem geschwungenen Bogen nach links die abzuziehenden 3 Steine und nennt spontan das Ergebnis.

Die Anzahl der verbleibenden Steine kann Ihr Kind durch die Fünfereinteilung leichter erkennen Das gilt insbesondere bei der Aufgabe 10 – 5.

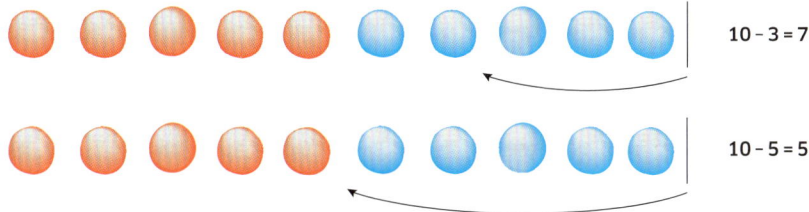

Was Ihr Kind zusätzlich üben muss!
Alle Reduktionen von 20 bis zur 10. Beispiele: von 13 bis 10, von 17 bis 10.

Diese Aufgaben üben Sie mit dem Zwanzigerfeld, indem Ihr Kind bei der Aufgabe von 13 bis 10 zunächst die 13 Steine zeigt und dann mit einem geschwungenen Bogen nach links um 3 Steine zurückgeht.

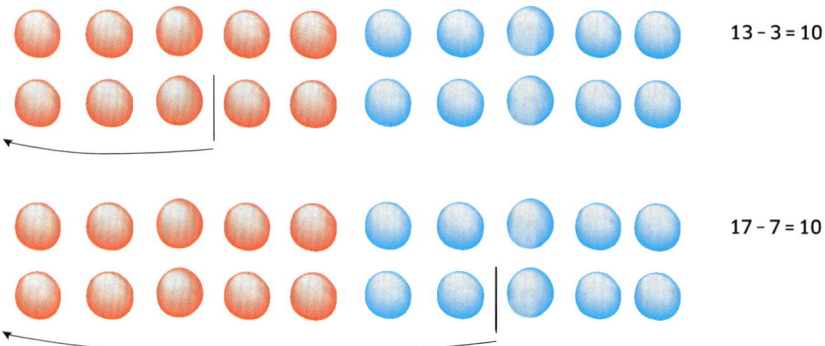

Die verbleibenden 10 Steine erkennt Ihr Kind dann durch die Vorübungen ohne Weiteres.

Beherrscht Ihr Kind diese Aufgaben, ohne zu zählen und ohne Hilfsmittel im Kopf – insbesondere die Zerlegungen der Zahlen bis 10 –, so sind die Voraussetzungen für das Üben der Zehnerüberschreitungen mithilfe des Teilschrittverfahrens gegeben. Dieses Verfahren hat sich für Kinder mit RS als besonders geeignet erwiesen.

Diese Vorübungen sind natürlich nicht erforderlich, wenn das Kind diese Aufgaben bereits beherrscht.

Üben des Teilschrittverfahrens

In der Schule wird dieses Kopfrechenverfahren häufig nicht intensiv genug und ausreichend lange geübt. Deshalb ist es nötig, bei Kindern mit RS dieses Verfahren gründlich zu wiederholen.

Im Einzelnen wird nach dem Teilschrittverfahren mithilfe des Zwanzigerfeldes wie nachfolgend gerechnet. Dabei können die Rechenschritte vom Kind nachvollzogen werden.

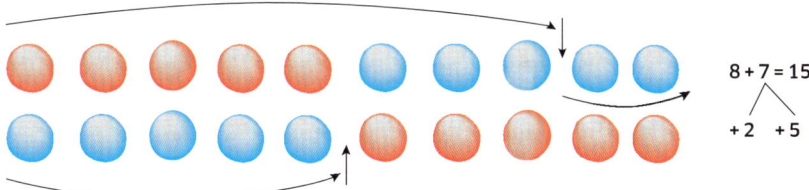

$$8 + 7 = 15$$
$$+ 2 \quad + 5$$

Nach den Rechengesetzen (siehe S. 80 ff.) ist:

$8 + 7 = 8 + (2 + 5) = (8 + 2) + 5 = 10 + 5 = 15$

Die zu addierende 7 wird in 2 + 5 zerlegt, damit zur 8 zunächst 2 addiert und dann zur 10 einfach 5 hinzugefügt werden können. Bei der Subtraktion wird entsprechend verfahren.

Schnelles und sicheres Kopfrechnen bis 20 ist die Basis der schriftlichen Addition und Subtraktion.

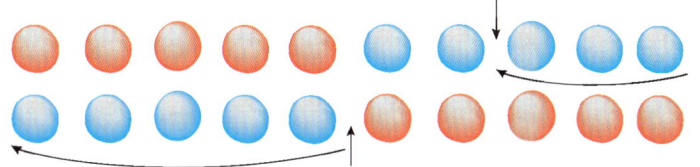

$$15 - 8 = 7$$
$$- 5 \quad - 3$$

Dann ergibt sich nach den Rechengesetzen:

$15 - 8 = 15 - (5 + 3) = (15 - 5) - 3 = 10 - 3 = 7$

Die zu subtrahierende 8 wird in 5 + 3 zerlegt, damit von der 15 zunächst 5 subtrahiert und dann von 10 einfach 3 weggenommen werden können.

Das Rechnen nach dem Teilschrittverfahren nutzt die Eigenschaften unseres Zahlensystems aus. Hat das Kind bis zehn gerechnet, braucht es praktisch nicht mehr weiterzurechnen, da es nach den Vorübungen zur Addition und Subtraktion mühelos versteht, was 10 + 3, 10 + 4 oder 14 − 4, 15 − 5 ergibt.

Genauso wie Erwachsene – zumeist unbewusst – das kleine Eins-plus-eins anwenden, müssen es auch Kinder mit RS können. Die

Beherrschung des Kopfrechnens mit und ohne Zehnerübergang ist die Basis für die schnelle und sichere schriftliche Addition und Subtraktion mit großen Zahlen. Sie ist deshalb für den Mathematikunterricht in den höheren Klassen unerlässlich.

Behandlung des Zahlenraums bis hundert

Die meisten Kinder mit RS und wahrscheinlich auch Ihres haben im Zahlenraum bis 100 Verständnisschwierigkeiten. Daher ist es notwendig, diesen Zahlenraum schrittweise aufzubauen. Nach der Erarbeitung des kleinen Eins-plus-eins im Zahlenraum bis 20 wird der Zahlenraum für das weitere Rechnen und für das kleine Ein-mal-eins bis 100 erweitert.

Unser Zahlensystem basiert bekanntlich auf der Zahl 10 und heißt deshalb auch Zehnersystem. Für viele Erwachsene ist der Gebrauch unserer Zahlen so selbstverständlich, dass es ihnen schwerfällt, sich die dahinterstehenden Prinzipien bewusst zu machen, was aber nötig ist, um sie vermitteln zu können.

Dem Aufbau unseres Zahlensystems liegen im Wesentlichen zwei Prinzipien zugrunde:

1. Die Zehnerbündelung
Darunter versteht man das Zusammenfassen der Elemente einer beliebigen Menge gleicher Gegenstände zu jeweils zehn Elementen. Gemeinsam mit Ihrem Kind können Sie das veranschaulichen, indem eine beliebige Anzahl von Muggelsteinen ungeordnet auf den Tisch gelegt wird und dann jeweils zehn Steine zu einem Bündel zusammengefügt werden und der Rest (weniger als zehn) gesondert betrachtet wird. Neben dieser konkreten

Bündelung und Stellenwertsystem bestimmen den Aufbau unseres Zahlensystems.

Darstellung mit Steinen gibt es auch eine zweite Veranschaulichungsform, nämlich die zeichnerische Darstellung mit einer Punktmenge.

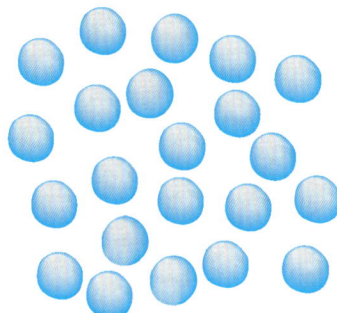

Es können dann jeweils 10 Punkte zeichnerisch zusammengefasst werden.

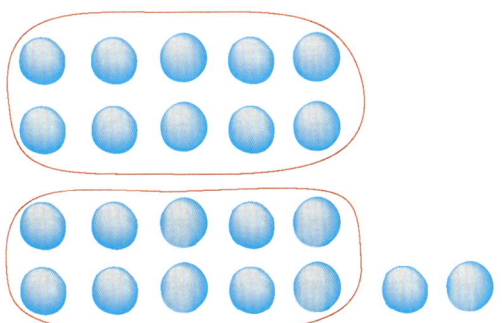

Sie erhalten bei dem Beispiel zwei Zehner und zwei Einer, die in eine gezeichnete Stellenwerttabelle eingetragen werden können.

Zehner (Z)	Einer (E)
2	2

2. Das Stellenwertsystem

Bündeln Sie eine Menge von gleichartigen Gegenständen oder Punkten, wie oben geschehen, so erhalten Sie eine Ziffernfolge, bei der jede Ziffer entsprechend ihrer Stelle einen Wert darstellt. Die rechte Ziffer repräsentiert die Einer, links daneben die Zehner (Anzahl der Zehnerbündel). Das ergibt im vorliegenden Beispiel die Zahl 22. Diese Zahl hat zwei gleiche Ziffern, jedoch mit unterschiedlichen Werten, die durch entsprechende Bezeichnungen in der Stellentafel (E, Z) gekennzeichnet werden können.

Diese Bündelung kann mit jeder beliebig großen Menge von Elementen durchgeführt werden. Dabei können auch nur Zehner und keine Einer auftreten.

Zehner (Z)	Einer (E)
2	0

Wenn eine Stelle keine Anzahl besitzt, wie hier die Einerstelle, wird sie mit null gekennzeichnet.

Mithilfe dieser beiden Prinzipien können Sie beliebig große Zahlen mit entsprechend vielen Stellen notieren. Dazu müssen Sie lediglich die Stellen nach links weiter ergänzen: Aus 10 Zehnerbündeln wird ein Hunderterbündel, aus 10 Hunderterbündeln wird ein Tausenderbündel und so weiter. Diese Bündel werden dann in der Stellentafel entsprechend bezeichnet (Hunderter, Tausender, Zehntausender).

Zehntausender	Tausender	Hunderter	Zehner	Einer

Im Rechenbuch Ihres Kindes der 2. Klasse können Sie in der Regel Abbildungen finden, in denen mit verschiedenen Darstellungen Bündelungen zum Üben gezeigt werden. Hilfreicher ist es allerdings, wenn Ihr Kind Gelegenheit hat, die Bündelung und die Stellenwerte nicht nur durch Abbildungen, sondern auch durch konkrete Handlungen zu lernen und zu üben. Gut geeignet sind z.B. leere Eierkisten, in die Kastanien, Muggelsteine oder andere Dinge jeweils als Zehnerpackungen gelegt werden können.

Sprech- und Schreibweise der Zahlen

Üben Sie mit Ihrem Kind Zahlen mit mehreren Stellen, müssen Sie besonders auf den Unterschied zwischen Sprech- und Schreibweise achten. Im Gegensatz zu vielen anderen Sprachen werden im Deutschen die Zahlwörter zweistelliger Zahlen von rechts nach links gesprochen, aber umgekehrt von links nach rechts geschrieben, beispielsweise die Zahl dreiundzwanzig, die aus den Ziffern 2 und 3 besteht. Viele Kinder vertauschen die Ziffern, weil sie die zuerst gehörte Ziffer (hier die 3) schreiben und dann entsprechend der Schreibrichtung rechts daneben die nächste Ziffer (hier die 2) setzen. Das führt leicht zur Vertauschung der Ziffern und ergibt im genannten Beispiel die Zahl 32.

Vertauschen der Ziffern einer Zahl ist kein typisches Merkmal bei RS.

Dieses Vertauschen der Ziffern bei der Schreibweise führt natürlich zu größeren Fehlern. Man findet sie häufig bei Kindern mit RS, da sie meist mehr Zeit und anschauliches Üben benötigen, um die Prinzipien unseres Zahlensystems zu verstehen. Aber auch Kinder, die keine besonderen Probleme haben, vertauschen die Ziffern. Allerdings überwinden sie dieses Stadium meist sehr schnell. Das Vertauschen der Ziffern beruht deshalb nicht auf einer »Schwäche der Rechts-und-Linksunterscheidung«, wie immer wieder behauptet wird, sondern ist eine Frage des Verständnisses und der Wiederholung. Um dieses Verständnis zu erlangen, benötigen die Kinder, wie auch in anderen Lernsituationen, unterschiedlich viel Zeit und Hilfe.

Unterschiedliche Aspekte der Multiplikation und der Division

Viele Kinder, vor allem die mit RS, haben Schwierigkeiten mit dem Malnehmen und Teilen, also der Multiplikation und Division. Das ist insbesondere dann der Fall, wenn bei Einführung der Multiplikation nicht ausreichend an Sachsituationen aus der Umwelt des Kindes angeknüpft wird, die durch Multiplikationen dargestellt werden können. So gibt es Kinder, die zwar das Ein-mal-eins auswendig gelernt haben, aber an Sachaufgaben scheitern, bei denen es angewandt werden muss. So fällt vielleicht auch Ihrem Kind die folgende Aufgabe schwer:

Ein Kind geht dreimal zum Schrank und holt jeweils vier Teller heraus. Wie viele Teller hat es insgesamt herausgeholt? Hier wird nicht die Aufgabenstellung 3 mal 4 Teller erkannt, obwohl die Ein-mal-eins-Aufgabe $3 \cdot 4 = 12$ bekannt ist.

Des Weiteren wird oft der enge Zusammenhang der Multiplikation mit der Division in der Schule zu wenig beachtet und ausgenutzt. Wenn ein Kind das Ein-mal-eins auswendig lernt, ist es hoch motivierend, wenn es feststellt, dass es mit einer »Malaufgabe« wie 3 mal 4 gleich zwei »Geteiltaufgaben« mitgelernt hat, nämlich 12 geteilt durch 3 und 12 geteilt durch 4.

Wenn Sie mit Ihrem Kind die Multiplikation behandeln, sollten Sie deshalb darauf achten, die Umkehrung – die Division – gleich in die Betrachtung mit einzubeziehen. Nur wenn Ihr Kind beide Operationen versteht, wird es ihm gelingen, auch Sachaufgaben (Textaufgaben) richtig zu beurteilen und die zutreffende Aufgabenstellung ableiten zu können. Kindern müssen die unterschiedlichen Aspekte (Gesichtspunkte) sowohl der Multiplikation als auch der Division geläufig sein.

Bei der Multiplikation gibt es zeitliche und räumliche Gesichtspunkte.

Bei der Multiplikation sind es vor allem zwei Aspekte, die anhand von Beispielen erläutert werden sollen:

1. Das Kind greift dreimal in eine Dose mit Muggelsteinen und holt jedes Mal 4 Steine heraus. Wie viele Steine hat es insgesamt herausgeholt? **Bei dieser Aufgabe kommt es auf den zeitlichen Gesichtspunkt an.**
2. Vor dem Kind stehen 3 Teller, auf denen jeweils 4 Muggelsteine liegen. Wie viele Steine liegen insgesamt auf den Tellern? **Bei dieser Aufgabe kommt es auf den räumlichen Gesichtspunkt an.**

Insbesondere bei der letzten Aufgabenstellung ist gut zu erkennen, dass auf den Tellern 4 + 4 + 4 Steine liegen. Das bedeutet, dass die Multiplikation auch als vereinfachte Addition angesehen werden kann.

Obwohl es bei den beiden Aufgaben durchaus unterschiedliche Fragestellungen gibt, werden sie gleich berechnet mit 3 · 4 = 12.

Situationen, die zu einer Multiplikationsaufgabe führen, können nicht nur durch die beschriebenen konkreten Aufgabenstellungen dargestellt werden, sondern auch zeichnerisch durch Punktmengen der folgenden Art:

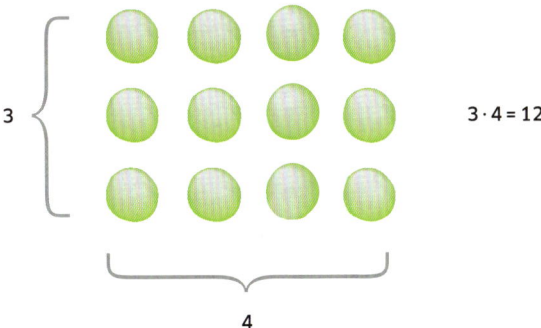

$3 \cdot 4 = 12$

Sie können davon ausgehen, dass Ihr Kind die Multiplikation verstanden hat, wenn es ihm gelingt, bei einer Vielzahl von konkreten Aufgaben der geschilderten Art mit unterschiedlichen Anzahlen von Steinen oder mit Punktmengen die zugehörigen Multiplikationen zu erkennen und umgekehrt aus Multiplikationsaufgaben die passenden Darstellungen mit Muggelsteinen oder Punktmengen zu bilden.

In gleicher Weise kann bei der Division vorgegangen werden. Hier ergeben sich in noch deutlicherer Form unterschiedliche Aspekte, wie die folgenden Beispiele zeigen:

1. Vor dem Kind liegen 12 Muggelsteine. Es sollen jeweils 4 Steine auf einen Teller gelegt werden. Wie viele Teller werden benötigt? **Bei dieser Aufgabe kommt es auf die Aufteilung der Steine an, z. B. in Häufchen von 4 Steinen.**

2. Das Kind soll 12 Muggelsteine gleichmäßig auf 4 Personen verteilen. Wie viele Steine erhält jede Person? **Bei dieser Aufgabe kommt es auf die Verteilung der Steine an, z. B. auf 4 Personen.**

Auch diese konkreten Aufgabenstellungen der Division können zeichnerisch als Punktmengen dargestellt werden. Bezogen auf die erste Aufgabe werden von den 12 Punkten jeweils 4 Punkte wie folgt aufgeteilt:

Bezogen auf die zweite Aufgabe werden die 12 Punkte zeichnerisch wie folgt auf 4 Personen verteilt.

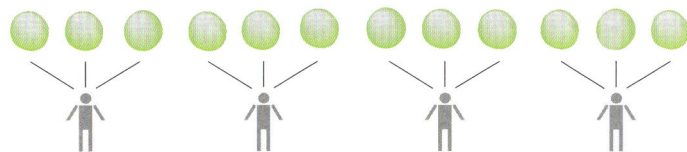

Obwohl es sich hier wieder um zwei unterschiedliche Fragestellungen handelt, führen beide zur gleichen Divisionsaufgabe 12 : 4 = 3.

Auch bei der Division sollte Ihr Kind bei einer Vielzahl von konkreten Aufgaben oder Punktmengen die zugehörige Divisionsaufgabe erkennen und umgekehrt aus Divisionsaufgaben die passenden Darstellungen bilden können.

Bei der Division unterscheidet man das Auf- und Verteilen.

Die Bedeutung des Gleichheitszeichens

In der Mathematik wird der überwiegende Teil der Aufgabenstellungen in Form von Gleichungen beschrieben. Deshalb ist es wichtig, neben der Bedeutung der Rechenzeichen auch die des Gleichheitszeichens zu verstehen.

In der Regel wird das Gleichheitszeichen in der Schule schon frühzeitig mit der Addition eingeführt. Weit verbreitet ist dabei die Interpretation des Gleichheitszeichens als »ergibt«: 6 + 4 = 10 wird verstanden als 6 plus 4 ergibt 10.

Fragen Sie Ihr Kind. Es wird Ihnen wahrscheinlich das Gleichheitszeichen in dieser Form erklären. Eine derartig einseitige Deutung führt jedoch nicht nur bei Kindern mit RS bald zu Problemen. So wird z. B. bei der einfachen Addition dreier Zahlen 3 + 4 + 5 der Rechenweg wie folgt aufgeschrieben: 3 + 4 = 7 + 5 = 12,

Die Funktion eines Gleichheitszeichens ist vergleichbar mit der einer Waage.

und dabei kein Anstoß an der unzutreffenden Gleichung $3 + 4 = 12$ genommen, die sich hieraus ergeben würde. Dadurch kommt es nicht nur zu Schwierigkeiten bei Berechnungen dieser Art, sondern auch bei der Behandlung von Gleichungen mit einer Unbekannten x wie $x - 7 = 3$, beim Verständnis der Rechengesetze, die im nächsten Abschnitt beschrieben werden, sowie bei der Berechnung von Ungleichungen und Sachaufgaben. Es ist daher wichtig, gleich von Anfang an das Gleichheitszeichen im wörtlichen Sinn als ein Zeichen zu interpretieren, das angibt, dass auf beiden Seiten »gleich viel« steht wie beispielsweise $2 + 5 = 1 + 2 + 4$. **Wichtig bei einer Gleichung ist, dass man sie nur verändern kann, indem man auf beiden Seiten das Gleiche tut.** Wenn man 2 abziehen möchte, sieht die Gleichung folgendermaßen aus: $2 + 5 - 2 = 1 + 2 + 4 - 2$.

Ebenso verfährt man, wenn man 2 addieren möchte: $2 + 5 + 2 = 1 + 2 + 4 + 2$. Andernfalls wird aus dieser Gleichung eine Ungleichung, wenn beispielsweise nur auf der linken Seite 2 hinzugefügt oder abgezogen werden, aber nicht auf der rechten. Anschaulich erläutert werden kann deshalb eine Gleichung mithilfe einer Waage mit zwei Schalen. Sie ist im Gleichgewicht, wenn in beiden Schalen gleich viel liegt, und im Ungleichgewicht, wenn in eine Schale etwas zugelegt oder aus ihr etwas weggenommen wird.

Die wichtigsten Rechengesetze

Es gibt Rechengesetze, die in der Regel auch Kindern mit RS kaum Schwierigkeiten bereiten. Das sind die **Vertauschungsgesetze** der Addition und der Multiplikation, die durch Tauschaufgaben dargestellt werden können.

Beispiel: $4 + 3 = 3 + 4$ und $3 \cdot 4 = 4 \cdot 3$

Das Vertauschungsgesetz erleichtert das Lernen des kleinen Ein-mal-eins.

Allerdings ist den Kindern nicht immer bewusst, dass diese Gesetze nicht bei der Subtraktion und der Division gelten. Die Vertauschung der Zahlen bei der Addition hilft Kindern beim Kopfrechnen, da z.B. $8 + 3$ leichter zu rechnen ist als $3 + 8$. Bei der Multiplikation erleichtert das Vertauschungsgesetz das Lernen des Ein-mal-eins, da z.B. $3 \cdot 7$ und $7 \cdot 3$ zum gleichen Ergebnis führen und nicht gesondert gelernt werden müssen.

Das Vertauschungsgesetz lässt sich durch entsprechende Punktmengen zeichnerisch leicht darstellen.

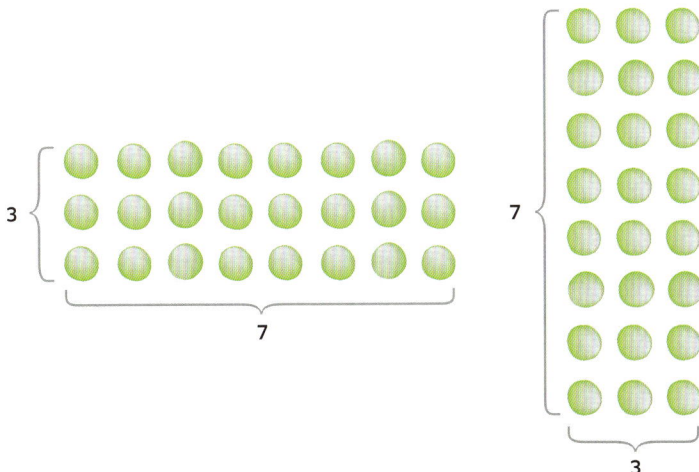

Eine Veranschaulichung des **Verbindungsgesetzes** der Addition und der Multiplikation ist etwas schwieriger.
Beispiel: $(4 + 3) + 5 = 4 + (3 + 5)$
$(4 \cdot 3) \cdot 5 = 4 \cdot (3 \cdot 5)$

Hierbei ist wichtig, dass die Klammern zuerst berechnet werden. Die Gleichheit beider Seiten lässt sich jeweils durch Nachrechnen zeigen.

Leicht durch Punktmengen zu veranschaulichen ist hingegen das **Verteilungsgesetz** der Multiplikation bezüglich der Addition.
Beispiel: $2 \cdot (3 + 4) = 2 \cdot 3 + 2 \cdot 4$

Diese Gleichheit lässt sich durch die folgenden Punktmengen veranschaulichen:

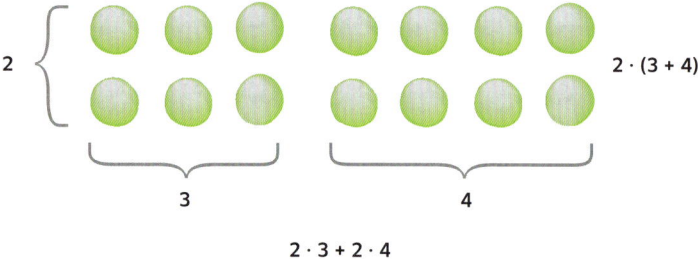

Dieses Verteilungsgesetz müssen die Kinder anwenden, wenn sie das große Ein-mal-eins berechnen, indem sie es auf das kleine Ein-mal-eins, das sie bereits gelernt haben, zurückführen.
Beispiel: $2 \cdot 13 = 2 \cdot (10 + 3) = 2 \cdot 10 + 2 \cdot 3$

Es ist daher unnötig und zeitaufwendig, das große Ein-mal-eins auswendig zu können, wie es oft im Unterricht gefordert wird.

Die Bedeutung des halbschriftlichen Rechnens

Traditionell wird das halbschriftliche Rechnen in der Schule als unwichtiger Zwischenschritt zum schriftlichen Rechnen angesehen und deshalb nicht intensiv genug geübt. Es gibt sogar Fachleute, die die Auffassung vertreten, dass für Kinder mit RS das halbschriftliche Verfahren weglassen und dafür gleich das schriftliche Verfahren behandelt werden sollte.

Gerade für Kinder mit RS ist es aber besonders wichtig, ein gesichertes Verständnis für die Zahlen und die Rechengesetze zu erlangen, was nur durch das halbschriftliche Verfahren erreicht wird. Andernfalls erhöht sich bei diesen Kindern die Zahl der Rechenfehler weiter und der Unterschied zu den »besseren Schülern« wird immer größer. Um das zu vermeiden, müssen Sie das halbschriftliche Rechnen gründlich anhand von Aufgaben mit allen vier Rechenarten und in anschaulicher Form üben, bis es ausreichend automatisiert ist. Erst dann kann Ihr Kind das verstandene Verfahren mit der nötigen Sicherheit einsetzen.

Erwachsene wissen, dass es verschiedene Möglichkeiten gibt, die Aufgaben 35 – 12 und 32 – 15 zu berechnen.

In jedem aktuellen Rechenbuch für die 2. Klasse sind unterschiedliche Rechenwege für derartige Aufgaben zu finden. Für Kinder, die schon sicher mit zweistelligen Zahlen und den Rechenoperationen umgehen können, wird dadurch das Verständnis der Zusammenhänge erhöht. Das gilt allerdings nicht für Kinder mit RS, da sie oft mechanisch rechnen. Ihr Rechenweg besteht nicht selten darin, stellenweise zu rechnen, was ungeeignet ist, wie Sie gleich sehen werden:

Bei der Aufgabe 35 – 12 wird stellenweise, d.h. erst die Zehner dann die Einer, gerechnet, also 30 – 10 und 5 – 2, was zum richtigen Ergebnis 20 + 3 führt. Bei der Aufgabe 32 – 15 wird dann nach dem gleichen Muster gerechnet 30 – 10 und 2 – 5.

Da aber 2 – 5 »nicht geht«, wird einfach 5 – 2 gerechnet, wodurch sich das falsche Ergebnis 20 + 3 ergibt. Den Kindern ist in der Regel nicht klar, dass 2 – 5 = – 3 ist, da in der Grundschule noch nicht mit negativen Zahlen gerechnet wird.

Das stellenweise Rechnen kann bei einem Teil der Aufgaben zu einem richtigen und bei einem anderen Teil zu einem falschen Ergebnis führen.

Wie das Beispiel zeigt, führt die Strategie des stellenweisen Rechnens bei einem Teil der Aufgaben zu einem richtigen und bei einem anderen Teil zu einem falschen Ergebnis.

Für Kinder mit RS hat es sich aber als sehr hilfreich erwiesen, wenn sie nur eine Strategie anwenden, die sowohl bei der Addition als auch bei der Subtraktion zum richtigen Ergebnis führt und die sie leicht verstehen. Eine derartige Strategie ist das halbschriftliche Rechnen, das im Nachfolgenden geübt wird. Wegen seiner Bedeutung wird es für alle Rechenarten im Einzelnen behandelt und anschaulich dargestellt.

Zur Veranschaulichung des halbschriftlichen Rechnens mit zweistelligen Zahlen ist z. B. der Zahlenstrahl gut geeignet.

Der Zahlenstrahl

Der Zahlenstrahl besteht aus einem waagerechten geraden Strich, der durch Angabe der Richtung (Pfeil) ein Strahl wird. Auf ihm werden die Zahlen in der angegebenen Richtung von links nach rechts ansteigend durch jeweils kleine senkrechte Striche dargestellt. Dazu wird auf dem Strahl zunächst die Null beliebig festgelegt und dann rechts daneben in geeignetem Abstand die Eins. Mit diesen beiden Festlegungen (null und eins) sind alle Zahlen des Zahlenstrahls jeweils durch den Abstand wie zwischen null und eins bestimmt.

Beim Zahlenstrahl kommt es vor allem auf den Abstand zwischen den Zahlen an.

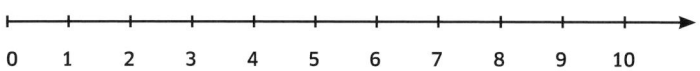

Der in dieser Form gezeichnete Zahlenstrahl erleichtert z. B. die Veranschaulichung der Operationen des halbschriftlichen Rechnens, allerdings nur dann, wenn dem Kind sein Aufbau vertraut ist. Dazu gehört das Verständnis dafür, dass die Abstände zwischen zwei aufeinanderfolgenden Zahlen (Strichen), z. B. zwischen 0 und 1, stets ein Zählschritt ist. Des Weiteren ist der Abstand zwischen drei aufeinanderfolgenden Zahlen z. B. 0, 1 und 2 oder 2, 3 und 4 stets zwei Zählschritte.

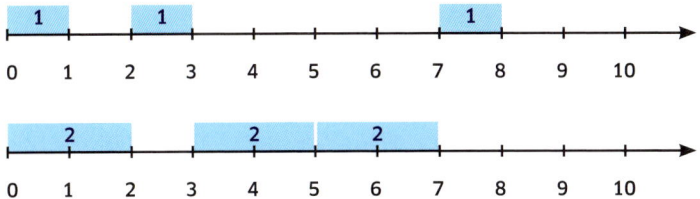

Kinder mit RS interpretieren oft den 1., 2., 3. ... Strich eines Zahlenstrahls als die Zahl 1, 2, 3 ... im Sinne einer Zählzahl (Ordnungszahl) und nicht als eine Menge von Abschnitten (Kardinalzahl).

Das anschaulichste Beispiel eines Zahlenstrahls ist das Lineal. Hier sind, beginnend mit der Null, jeweils die Abstände in Millimeter (mm) durch kleine Striche und die Abstände in Zentimetern (cm) durch größere und nummerierte Striche dargestellt. Hierdurch wird deutlich, dass es auf die Abstände zwischen den Strichen (die Länge) ankommt und die nummerierten Striche die Anzahl der Abstände (in cm) angeben. Sie können das Lineal verwenden, um den Aufbau des Zahlenstrahls an verschiedenen Beispielen zu üben. Um festzustellen, ob Ihr Kind den Aufbau des Zahlenstrahls (Lineals) verstanden hat, lassen Sie sich von ihm erläutern, dass es hierbei jeweils auf **den Abstand** von 0 bis 3, von 0 bis 7, von 0 bis 17 ankommt und nicht so sehr auf die Striche 3, 7, 17.

Ist der Kardinalzahlaspekt des Zahlenstrahls Ihrem Kind auf diese Weise vertraut geworden, kann das halbschriftliche Rechnen mithilfe des Zahlenstrahls gut veranschaulicht werden. Im Folgenden werden die einzelnen Rechenschritte bei den vier Rechenarten anhand von Zahlenbeispielen behandelt.

Üben der halbschriftlichen Addition und Subtraktion

Für die halbschriftliche Addition und Subtraktion ist das kleine Eins-plus-eins eine wichtige Voraussetzung. Auch hier ist es sinnvoll, die Addition nicht isoliert von der Subtraktion zu behandeln.

Beispiel: Bei der Addition $32 + 15$ wird zunächst die zu addierende Zahl 15 in Zehner und Einer $(10 + 5)$ zerlegt. Dann wird, mit der Zahl 32 beginnend, schrittweise wie folgt gerechnet: $32 + 10 = 42$ und danach $42 + 5 = 47$, denn unter Ausnutzung der Rechengesetze ergibt sich
$32 + 15 = 32 + (10 + 5) = (32 + 10) + 5 = 42 + 5 = 47$.

Diese Vorgehensweisen können Sie Ihrem Kind am Zahlenstrahl veranschaulichen, indem die einzelnen Rechenschritte durch Bögen gekennzeichnet werden.

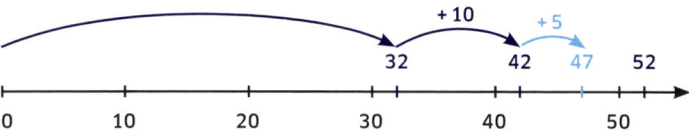

Beispiel: Analog wird bei der Subtraktion $32 - 15$ zunächst im Kopf die abzuziehende Zahl 15 in $10 + 5$ zerlegt und dann schrittweise gerechnet: $32 - 10 = 22$ und danach $22 - 5 = 17$, denn hier ergibt sich nach den Rechengesetzen
$32 - 15 = 32 - (10 + 5) = (32 - 10) - 5 = 22 - 5 = 17$.

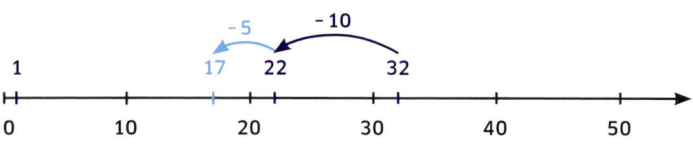

Additionen und Subtraktionen mit zweistelligen Zahlen sollten Kinder zunächst halbschriftlich mit ganzen Zahlen durchführen.

Die Rechengesetze ermöglichen das schrittweise Rechnen mit den Zahlen.

Ein Vorteil dieses Verfahrens besteht darin, dass für Addition und Subtraktion die gleiche Vorgehensweise (Zerlegung der zweiten Zahl) gilt.

Üben der halbschriftlichen Multiplikation und Division

Wichtige Voraussetzungen hiefür sind die Beherrschung des kleinen Ein-mal-eins und die Multiplikation mit Zehnerzahlen (z. B. $3 \cdot 10 = 30$, $3 \cdot 20 = 3 \cdot 2 \cdot 10 = 60$).

Beispiel: Man beginnt auch bei der Multiplikation $3 \cdot 24$ mit der Zerlegung der zweistelligen Zahl $24 = 20 + 4$ im Kopf und rechnet schrittweise $3 \cdot 20 = 60$, dann $3 \cdot 4 = 12$ und dann $60 + 12 = 72$. Denn nach den Rechengesetzen gilt, $3 \cdot 24 = 3 \cdot (20 + 4) = 3 \cdot 20 + 3 \cdot 4 = 60 + 12 = 72$.

Auch die halbschriftliche Multiplikation kann am Zahlenstrahl **räumlich** durch Beschreibung der einzelnen Schritte mit Bögen veranschaulicht werden.

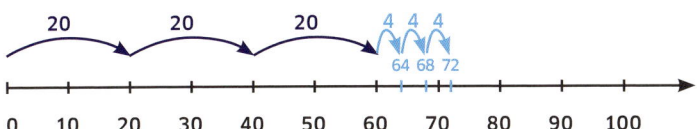

Bei der halbschriftlichen Division ist es zur Vorbereitung sinnvoll, zunächst die Division von Zehnerzahlen zu üben (z. B. $30 : 3 = 10$, $60 : 3 = 20$).

Beispiel: Auch bei der Division $72 : 3$ wird das Kopfrechnen durch Zerlegung der zweistelligen Zahl $72 = 60 + 12$ erleichtert. Dabei

Beim halbschriftlichen Rechnen hilft eine geeignete Zerlegung der Zahlen.

wird die zweistellige Zahl so zerlegt, dass die Division durch die einzelnen Summanden möglichst leicht gelingt. Dann wird wieder schrittweise wie folgt gerechnet: 60 : 3 = 20, dann 12 : 3 = 4 und dann 20 + 4 = 24, denn nach den Rechengesetzen gilt 72 : 3 = (60 + 12) : 3 = (60 : 3) + (12 : 3) = 20 + 4 = 24.

Zur Sicherheit sollte durch eine Probe (24 · 3) das Ergebnis geprüft werden. Am Zahlenstrahl kann die Verteilung der Abschnitte in den zwei beschriebenen Schritten veranschaulicht werden, wobei hier die Umkehrung der Multiplikation sehr deutlich wird.

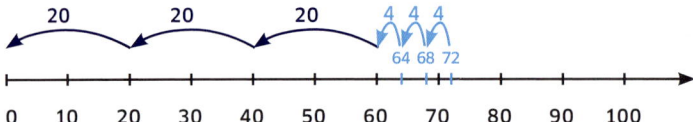

Bei dem halbschriftlichen Rechenverfahren handelt es sich genau genommen um Kopfrechnen, das durch Notieren einzelner Zwischenschritte erleichtert wird. Entscheidend hierbei ist, dass man von den ganzen Zahlen ausgeht, nur eine Zahl zerlegt und die Rechengesetze richtig anwendet (Zahlenrechnen). Dadurch entzieht sich das halbschriftliche Rechnen weitgehend dem mechanischen Rechnen. Dies tritt beim schriftlichen Rechnen, bei dem die Zahlen untereinandergeschrieben und ziffernweise addiert oder subtrahiert werden (Ziffernrechnen), leicht ein. Wenn Ihr Kind das halbschriftliche Rechnen intensiv geübt hat, ist die Beherrschung der schriftlichen Rechenverfahren das nächste Ziel Ihrer Bemühungen.

Das halbschriftliche Rechnen (Zahlenrechnen) ist ein wichtiger Zwischenschritt zum schriftlichen Rechnen (Ziffernrechnen).

Das schriftliche Verfahren ist auch für Ihr Kind das einfachste und schnellste Rechenverfahren, um die Grundrechenaufgaben zu bewältigen. Das Problem für Sie ist allerdings, dass in der Schule das schriftliche Rechnen nach bestimmten Vorschriften

(Algorithmen) durchgeführt werden muss und Sie vielleicht ein anderes Verfahren gelernt haben. Ein Algorithmus ist ein allgemeingültiges, in seiner Vorgehensweise genau festgelegtes Verfahren für spezielle Anwendungsfälle (z. B. Addition, Multiplikation). Als Folge der Kulturhoheit der Bundesländer sind diese Vorschriften in Deutschland allerdings nicht einheitlich. Sie richten sich nach den amtlichen Rahmenrichtlinien (Bildungsplänen) in den einzelnen Ländern. Das gilt zum Beispiel für die schriftliche Subtraktion und für die Division. Das liegt unter anderem daran, dass es mehrere Lösungswege gibt und die Länder sich nicht auf jeweils ein Verfahren einigen konnten. Sowohl die Schreib- als auch die Sprechweise bei der Lösung der Aufgaben sind in der Regel vorgeschrieben und können sich deshalb unterscheiden.

Beim schriftlichen Subtrahieren und Dividieren gibt es sehr unterschiedliche Lösungswege.

Die schriftlichen Verfahren benötigt Ihr Kind vor allem ab der 3. Klasse für die Rechenaufgaben beim Rechnen mit dreistelligen und größeren Zahlen. Zum besseren Verständnis werden im Folgenden die verschiedenen Rechenwege zunächst anhand von Aufgaben mit zweistelligen Zahlen behandelt. Das erleichtert Ihnen und Ihrem Kind den Vergleich mit dem bereits beschriebenen halbschriftlichen Rechnen. Nach meiner Erfahrung ist es auch hilfreich, mit den Kindern für eine Übergangszeit nach beiden Verfahren parallel zu rechnen.

Übergang zur schriftlichen Addition und Subtraktion

Vielleicht gehört auch Ihr Kind zu denjenigen, die Additions- und Subtraktionsaufgaben, wie sie im vorigen Kapitel behandelt wurden, vorzugsweise nach dem schriftlichen Verfahren durch »Untereinanderschreiben« der Zahlen lösen wollen. Wie im vorigen Kapitel begründet, sollte aber zunächst das halbschriftliche Verfahren sicher erarbeitet sein, bevor der Übergang zum schriftlichen Verfahren erfolgt.

Die schriftliche Addition und Subtraktion müssen, wie gesagt, nach allgemein vereinbarten Vorgehensweisen (Algorithmen) gerechnet werden. Dabei schreiben die Rahmenrichtlinien auch die Sprechweise vor, die bei der Durchführung der Rechnung von den Kindern verwendet werden soll. Auch im Mathematikunterricht Ihres Kindes wird deshalb eine derartige Sprechweise beim schriftlichen Rechnen geübt oder geübt werden.

Im Folgenden beschreibe ich Ihnen die Algorithmen der schriftlichen Addition und Subtraktion mit der vorgeschriebenen Sprechweise für die Schüler und veranschauliche diese Operationen mit Geld in leicht nachvollziehbarer Form.

Schriftliche Addition mit 2-stelligen Zahlen.

Der Algorithmus bei einer schriftlichen Addition, z. B. $65 + 17$ – bei der eine Zahl zu übertragen ist –, kann durch die Schreibweise in eine Stellenwerttafel wie folgt verdeutlicht werden:

Z	E
6	5
+ 1₁	7
8	2

Hierbei beginnt die Addition bei den Einern (E), die von unten nach oben zusammenaddiert werden $7\,E + 5\,E = 12\,E$. Wenn dabei die Ziffer 9 überschritten wird, notiert man die Einer (2 E) und schreibt den zu übertragenden Zehner (10 E) als Merkzahl (1). Letzterer wird am unteren Rand der nächsten Stelle als kleine (rote) Ziffer festgehalten (Sprechweise: 7 plus 5 ist 12, schreibe 2 und merke 1). Die Übertragungszahl 1 Z wird dann mit den Zahlen 1 Z und 6 Z der nächsten Stelle addiert und das Ergebnis 8 Z in der Zehnerstelle notiert, da es nicht den Hunderter überschreitet (Sprechweise: 1 plus 1 ist 2, 2 plus 6 ist 8).

Geldmünzen und Geldscheine

Sie können Spielgeld mit Ihrem Kind aus Pappe oder festem Papier selbst herstellen. Das Geld lässt sich zeichnerisch ebenfalls leicht als Kreise oder kleine Rechtecke mit den Zahlen drin darstellen: 1, 10, 100 Euro.

Zum besseren Verständnis sollten sowohl die schriftliche Addition als auch die Subtraktion auf konkreter Ebene dargestellt werden.

Mit diesem Veranschaulichungsmittel kann die Aufgabe 65 € + 17 € wie folgt mit Spielgeld verdeutlicht werden:

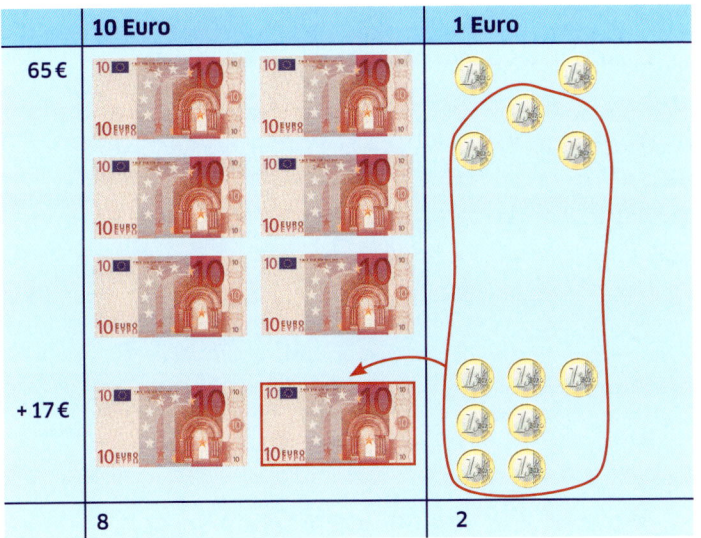

	10 Euro	1 Euro
65 €		
+ 17 €		
	8	2

Zunächst werden die Münzen und Scheine stellengerecht in die 1-Euro- und 10-Euro-Spalte für jeden Betrag getrennt eingetragen oder gelegt. Beginnend mit den 1-€-Münzen wird 7 € + 5 € = 12 € gerechnet und davon die 2 € in die 1-€-Spalte notiert. Die zehn

1-€-Münzen werden gebündelt, indem sie mit einem farbigen Stift umfahren werden und als (roter) 10-€-Schein in die nächste Spalte übertragen. Dann werden die 10-€-Scheine addiert: 20 € + 60 €, und das Ergebnis 80 € in die 10-€-Spalte notiert. Aufgaben mit Übertrag können Sie in der beschriebenen Form mit Ihrem Kind üben. Ist das Verfahren Ihrem Kind vertraut, üben Sie das Rechnen an vielen Beispielen ohne Anschauungsmaterial.

Additionsaufgaben, bei denen keine Zahl zu übertragen ist, z. B. 65 + 14, bereiten den Kindern meist keine besonderen Schwierigkeiten, wenn das kleine Eins-plus-eins gefestigt ist. Das trifft jedoch nicht für Subtraktionsaufgaben zu, die fehleranfälliger sind.

Schriftliche Subtraktion mit 2-stelligen Zahlen

Subtraktionsaufgaben können auch nach der »Untereinanderschreibweise«, also schriftlich, gelöst werden. Im Unterschied zur Addition gibt es allerdings bei der Subtraktion sehr unterschiedliche Rechenwege wie **das Abzugs- und das Ergänzungsverfahren.**

So kann die Aufgabe 65 – 34 stellengerecht untereinandergeschrieben wie folgt notiert werden.

Z	E
6	5
- 3	4
3	1

Beginnend mit den Einern von oben nach unten gerechnet: 5 E – 4 E = 1 E, wird das Ergebnis (1 E) in die Einerstelle eingetragen (Sprechweise: 5 minus 4 ist 1, schreibe 1). Ebenso werden die Zehner durch **Abziehen** ermittelt: 6 Z – 3 Z = 3 Z, und das Ergebnis (3) in die Zehnerstelle eingetragen (Sprechweise: 6 minus 3 ist 3, schreibe 3). Diese Vorgehensweise heißt **Abzugsverfahren**.

Die gleiche Aufgabe kann aber auch von unten nach oben gerechnet werden, indem von 4 E bis 5 E **ergänzt** und das Ergebnis (1) in die Einerstelle eingetragen wird (Sprechweise: von 4 bis 5 ist 1, schreibe 1). Dann wird an der nächsten Stelle von 3 Z bis 6 Z ergänzt und das Ergebnis (3) in die Zehnerstelle geschrieben (Sprechweise: von 3 bis 6 ist 3, schreibe 3). Diese Vorgehensweise heißt **Ergänzungsverfahren**.

Diese beiden Verfahren ermöglichen es Ihnen, auch die Algorithmen bei den schriftlichen Subtraktionen mit Übertrag wie 32 – 15 durchzuführen.

Wenn hierbei nach dem Ergänzungsverfahren von unten nach oben gerechnet wird, muss bei den Einern von 5 E zu 2 E ergänzt werden, was nicht ohne Weiteres geht. Diese Ergänzung kann nur durch einen **Übertrag** vorgenommen werden. Nun gibt es für die Bildung eines Übertrages bei der Subtraktion verschiedene Techniken wie die Erweiterungs- und die Borgetechnik.

Erweiterungstechnik

Nach meiner Erfahrung bietet Kindern mit Rechenschwäche die Erweiterungstechnik weniger Fehlermöglichkeiten als die Borgetechnik. Deshalb beschränke ich mich hier auf die Beschreibung dieser Vorgehensweise. Wenn in der Schule Ihres Kindes nicht ausdrücklich eine andere Technik verlangt wird, empfehle ich Ihnen diese. Um diese Technik zu verstehen, muss dem Kind allerdings »die Konstanz der Differenz« geläufig sein, ohne dass es diesen Ausdruck selbst lernen muss. Das Gesetz von der Konstanz der Differenz lässt sich einfach an Alltagssituationen verdeutlichen:

Beispiel: Angenommen, Ihr Kind hat 8 € gespart und sein Freund 5 €. Der Unterschied (die Differenz) zwischen beiden Beträgen ist 3 €, was Ihr Kind leicht feststellen wird. Bekommt nun jedes Kind jeweils 10 € dazugeschenkt, dann hat Ihr Kind 8 € + 10 € und der Freund 5 € + 10 €. Der Unterschied zwischen ihren gesparten Beträgen ist wieder 3 € (Konstanz der Differenz).

Eine ähnliche Alltagssituation ergibt sich, wenn der Altersunterschied zwischen zwei Kindern 4 Jahre beträgt. Dann ist der Altersunterschied 10 Jahre später immer noch 4 Jahre.

Die Konstanz der Differenz erlaubt bei jeder beliebigen schriftlichen Subtraktionsaufgabe (Differenzbildung) zur oberen und unteren Zahl einen Zehner, Hunderter, Tausender je nach Bedarf hinzuzurechnen, ohne dass sich das Ergebnis verändert. Üben Sie mit Ihrem Kind hiernach an verschiedenen Beispielen, damit es das Gesetz der Konstanz versteht.

Die Subtraktion nach dem Ergänzungsverfahren mit der Erweiterungstechnik ist auch für Kinder mit RS geeignet.

Mithilfe dieser Erweiterungstechnik kann nun die Aufgabe 32 – 15 stellengerecht in eine Stellentafel geschrieben und wie folgt nach dem Ergänzungsverfahren recht einfach gerechnet werden.

Z	E
3	2
- 1₁	5
1	7

Beginnend mit den Einern, kann jetzt von 5 E bis 2 E + 10 E ergänzt werden, wenn zur oberen Zahl 10 € hinzugefügt werden. Das Ergebnis (7) wird in die Einerstelle eingetragen. Die nun zur unteren Zahl zu addierenden 10 E werden als Merkzahl (1) in die nächste Stelle übertragen (Sprechweise: Von 5 bis 2 geht nicht, von 5 bis 12 ist 7, schreibe 7, merke 1). Dann wird in der Zehnerstelle die Merkzahl mit 1 Z addiert (1 Z + 1 Z) und zu 3 Z ergänzt. Das Ergebnis 1 Z wird in der Zehnerstelle notiert (Sprechweise: 1 plus 1 ist 2, von 2 bis 3 ist 1, schreibe 1).

Auch die Aufgabe 32 – 15 kann mit Spielgeld gut veranschaulicht werden.

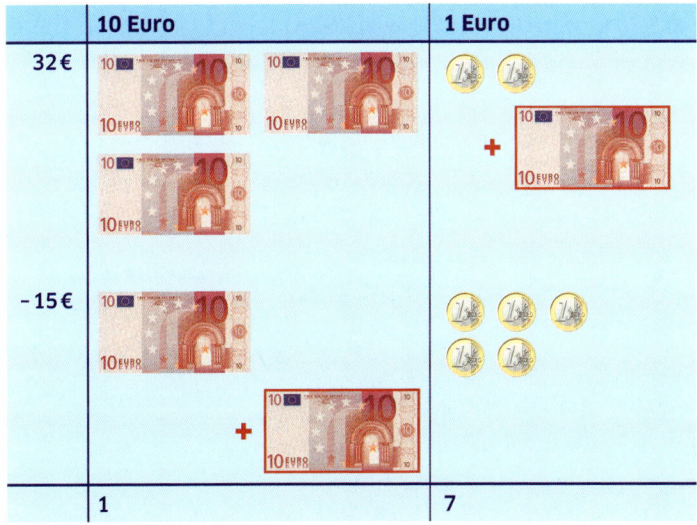

Hier werden zunächst die 1-€-Münzen und 10-€-Scheine stellengerecht in die entsprechenden Spalten gezeichnet oder gelegt. Da in der 1-€-Spalte nicht von fünf 1-€-Münzen zu zwei 1-€-Münzen ergänzt werden kann, wird nach der Erweiterungstechnik oben in der 1-€-Spalte ein 10-€-Schein (zehn 1-€-Münzen) und unten in der 10-€-Spalte ebenfalls ein 10-€-Schein hinzugefügt. Danach kann von 5 € zu 12 € ergänzt werden. Das Ergebnis (7) wird notiert. Ebenso kann in der nächsten Spalte von zwei 10-€ zu drei 10-€-Scheinen ergänzt werden und das Ergebnis (1) eingetragen werden.

Wenn Sie mit Ihrem Kind die schriftliche Subtraktion an weiteren Beispielen üben, sollten Sie jeweils nur eine Vorgehensweise verwenden, beispielsweise das Ergänzungsverfahren mit der Erweiterungstechnik, wie es das Bundesland Hessen vorschreibt. Wenn in der Klasse Ihres Kindes ein anderes Verfahren benutzt wird, müssen Sie es sich von der Lehrerin erklären lassen.

Wie Ihnen aufgefallen sein dürfte, wird beim schriftlichen Rechenverfahren nur mit den Ziffern gerechnet (2 + 6, 6 – 3), was vor allem durch die Sprechweise verdeutlicht wird (2 plus 6, von 3 bis 6), und nicht mit den ganzen Zahlen (20 + 60, 60 – 30) wie beim halbschriftlichen Rechnen. Ihr Kind kann deshalb die Addition und Subtraktion durchführen, ohne eine genaue Vorstellung davon zu haben, welche Operationen es durchführt und welche Größenordnung die Zahlen haben. Es muss auch nicht wissen, was die Merkzahl (1) bedeutet (z. B. bei dreistelligen Zahlen an der dritten Stelle 100 und nicht etwa 10).

Wegen dieses Rechnens mit den Ziffern der Zahlen ist es nicht sinnvoll, wenn Kinder mit RS mit dem schriftlichen Verfahren zu früh beginnen. Es verführt zu mechanischem Rechnen und verhindert das Verstehen der Rechengesetze. Es gibt allerdings die Ansicht, Kindern mit RS bereits in der 2. Klasse das schriftliche Rechenverfahren »als Rettungsanker« anzubieten. Für das Verständnis der Zahlen und Rechenoperationen sollte aber erst das halbschriftliche Rechnen beherrscht werden.

Schriftliche Addition und Subtraktion im Zahlenraum bis 1 Million

Die schriftliche Addition und Subtraktion mit größeren Zahlen werden vor allem ab der 3. Klasse in der Grundschule verwendet. Dabei unterscheidet sich die Durchführung dieser Verfahren im

Prinzip nicht von der eben beschriebenen im Hunderterraum. Insbesondere kann bei der Subtraktion das Ergänzungsverfahren mit der Erweiterungstechnik ohne Weiteres auf die größere Stellenzahl ausgedehnt werden. Auch die Sprechweise bleibt prinzipiell unverändert.

Obwohl es für die schriftliche Addition kein vorgeschriebenes Verfahren gibt, haben sich in der schulischen Praxis nach meinem Wissen die im Folgenden beschriebene Schreib- und Sprechweise durchgesetzt. Im Gegensatz dazu kann es zur schriftlichen Subtraktion in den Rahmenplänen der Länder unterschiedliche Rechenvorschriften geben.

Auch im größeren Zahlenraum fällt die schriftliche Addition ohne Übertrag (365 + 114) den Kindern viel leichter als die mit Übertrag (365 + 157). Letztere kann durch stellengerechte Schreibweise in einer Stellentafel auch gut verdeutlicht werden.

H	Z	E
3	6	5
+ 1$_1$	5$_1$	7
5	2	2

Hierbei werden zunächst die Einer addiert: $7\,E + 5\,E = 12\,E$, die $2\,E$ in die Einerstelle geschrieben und der verbleibende Zehner als Merkzahl (1) notiert (Sprechweise: 5 plus 7 ist 12, 2 hinschreiben und 1 merken). Dann werden die fünf Zehner mit der Merkzahl addiert: $5\,Z + 1\,Z = 6\,Z$, und die sechs Zehner hinzugefügt $6\,Z + 6\,Z = 12\,Z$, danach werden die $2\,Z$ in die Zehnerstelle geschrieben und die $10\,Z = 1\,H$ als Merkzahl (1) in die Hunderterstelle notiert (Sprechweise: 5 plus 1 ist 6, 6 plus 6 ist 12, 2 hinschreiben und 1 merken). Schließlich wird der eine Hunderter mit der Merkzahl addiert: $1\,H + 1\,H$, die drei Hunderter hinzugefügt: 2 H + 3 H = 5 H, sowie das Ergebnis notiert (Sprechweise: 1 plus 1 ist 2, 2 plus 3 ist 5, 5 hinschreiben).

Auch diese schriftliche Addition mit dreistelligen Zahlen 365 + 157 kann mit Geld gut veranschaulicht werden.

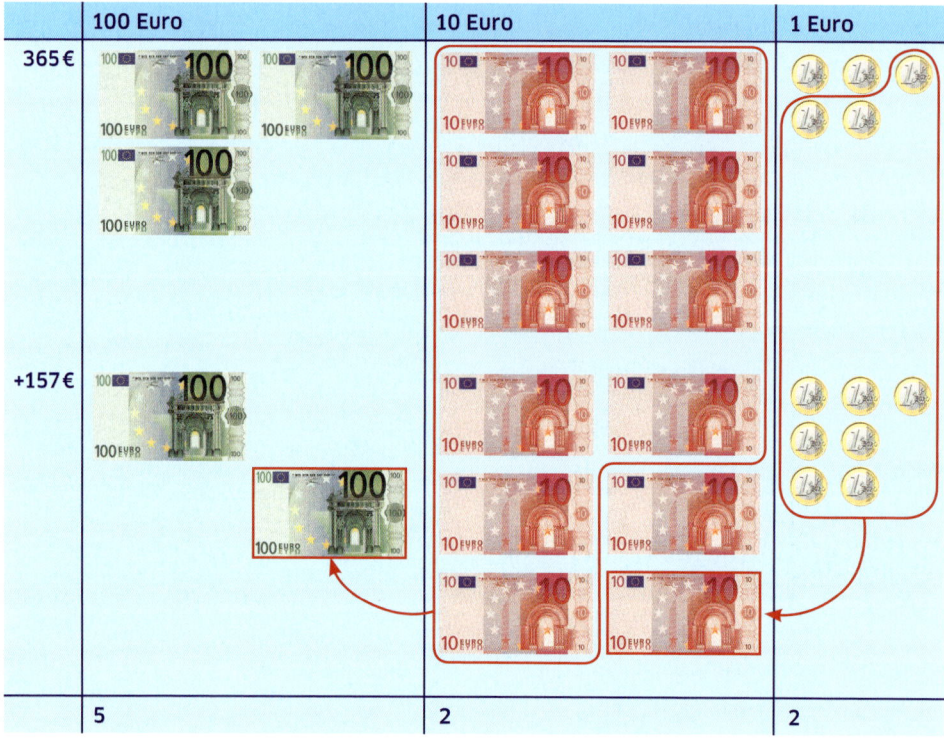

Hier werden zunächst die Münzen und Scheine stellengerecht in die entsprechenden Spalten gezeichnet oder gelegt. Beginnend mit den 1-€-Münzen, werden die sieben und die fünf 1-€-Münzen addiert: 7 € + 5 € = 12 €, die zehn 1-€-Münzen gebündelt und als ein 10-€-Schein in die 10-€-Spalte übertragen. Die verbliebenen zwei 1-€-Münzen werden als Ergebnis in die 1-€-Spalte notiert. Dann werden in der 10-€-Spalte die 10-€-Scheine addiert: 10 € + 50 € + 60 € = 120 €, und die zehn 10-€-Scheine gebündelt und als ein 100-€-Schein in die nächste Spalte übertragen. Die verbleibenden zwei 10-€-Scheine werden in die 10-€-Spalte notiert. Schließlich werden die 100-€-Scheine der letzten Spalte addiert: 100 € + 100 € + 300 € = 500 €, und das Ergebnis in die 100-€-Spalte eingetragen.

Die schriftliche Subtraktion ohne Übertrag (345 – 234) wird im Prinzip wie bei zweistelligen Zahlen im Hunderterraum gerechnet und fällt den Kindern auch leichter als die mit Übertrag (345 – 168), die von allen Kindern wesentlich intensiver geübt werden muss. Auch dieser Algorithmus kann bei stellengerechter Schreibweise in einer Stellentafel gut verdeutlicht werden. Bei Verwendung des im vorigen Kapitel beschriebenen Ergänzungsverfahrens mit der Erweiterungstechnik ergibt sich die Darstellung:

H	Z	E
3	4	5
− 1 $_1$	6 $_1$	8
1	7	7

Hierbei wird zunächst von 8 E zu 5 E + 10 E ergänzt, wenn zur oberen Zahl 10 E hinzugefügt werden. Das Ergebnis 7 E wird in die Einerstelle geschrieben. Die gleichzeitig zur unteren Zahl zu addierenden 10 E werden als (rote) Merkzahl (1) in die nächste Stelle notiert (Sprechweise: von 8 bis 5 geht nicht, von 8 bis 15 sind 7, schreibe 7, merke 1), nachdem zur oberen Zahl 10 Z und entsprechend zur unteren 1 H (10 Z) hinzugerechnet wurden. Das Ergebnis wird in die Zehnerstelle geschrieben und die (rote) Merkzahl (1) notiert (Sprechweise: 6 plus 1 ist 7, von 7 bis 4 geht nicht, von 7 bis 14 ist 7, schreibe 7, merke 1). Schließlich wird die

Merkzahl (1) mit dem Hunderter addiert: 1 H + 1 H, und von 2 H zu 3 H ergänzt und das Ergebnis in der Hunderterstelle notiert (Sprechweise: 1 plus 1 ist 2, von 2 bis 3 ist 1, schreibe 1).

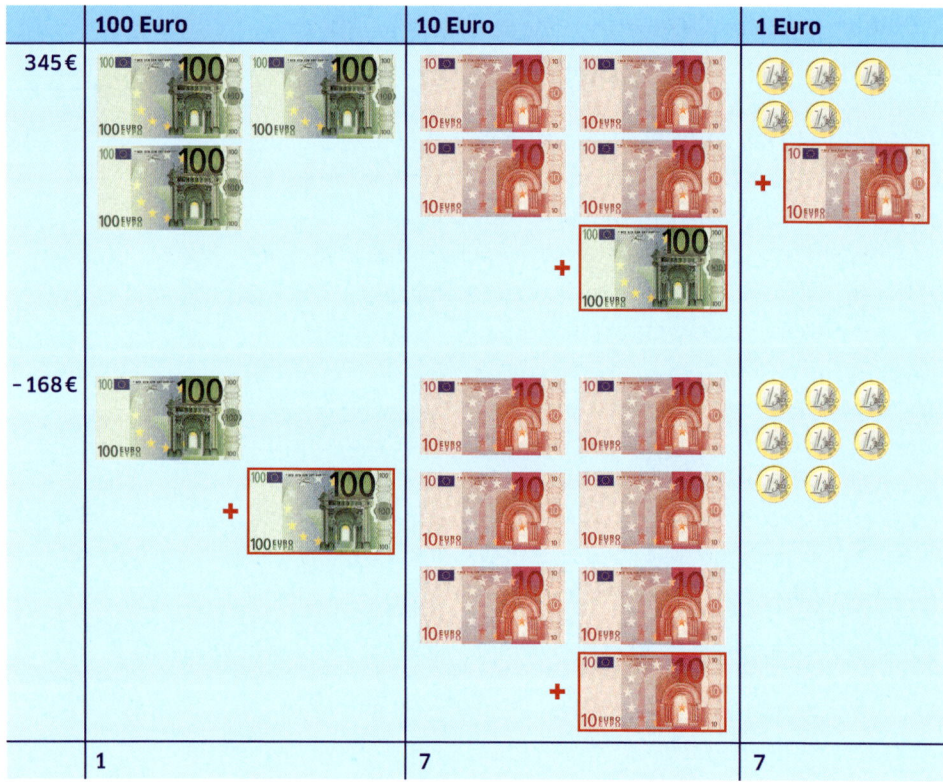

Da in der 1-€-Spalte nicht von acht 1 €-Münzen zu fünf 1-€-Münzen ergänzt werden kann, wird in der 1-€-Spalte oben ein 10-€-Schein (zehn 1-€-Münzen) und unten in der 10-€-Spalte auch ein 10-€-Schein addiert (rote Zahlen). Das Ergebnis der Ergänzung von acht bis 15 € (7 €) wird in die 1-€-Spalte eingetragen. Da in der 10-€-Spalte auch die Ergänzung von sieben 10-€-Scheinen zu vier 10-€-Scheinen nicht geht, wird auch hier oben ein 100-€-Schein und unten in der 100-€-Spalte ein 100-€-Schein (rote Zahlen) hinzugefügt. Dadurch ist die Ergänzung von 10 € + 60 € zu 40 € + 100 € möglich und das Ergebnis (70 €) kann notiert werden. Schließlich wird in der 100-€-Spalte von 100 € + 100 € zu 300 € ergänzt und das Ergebnis (100 €) in die letzte Spalte eingetragen.

Wie beim halbschriftlichen Verfahren ist auch beim schriftlichen Rechnen eine Automatisierung des Gelernten unbedingt erforderlich. Im Gegensatz zum halbschriftlichen Verfahren wird das schriftliche Rechnen in der Schule mit vielen Beispielen einschließlich der Sprechweise behandelt, aber der mit dem Algorithmus verbundene Rechenvorgang nicht immer ausgiebig genug den Kindern verständlich gemacht. Wichtig für Sie bleibt deshalb, sich davon zu überzeugen, ob Ihr Kind die eben beschriebene Vorgehensweise richtig verstanden hat. Es muss ihm klar sein, mit welchen Größen es rechnet und was die Merkzahlen im Einzelnen bedeuten. Andernfalls können sich immer wieder Fehler einschleichen, die vom Kind nicht selbstständig erkannt werden. Es ist natürlich nicht erforderlich, sich bei jeder Rechnung den Wert der Merkzahlen vor Augen zu halten. Das macht auch kein Erwachsener, selbst wenn er dazu in der Lage wäre. Durch die sich anschließende Automatisierung wird das Wissen so gefestigt, dass es auch unter Druck zur Verfügung steht.

Beispiel 4: Aylin, 5. Klasse

Thema: Mechanisches Rechnen
Vorgeschichte

Seit der ersten Klasse hatte Aylin Probleme im Rechnen. Als ihre Eltern mit ihr zu einem Beratungsgespräch kamen, besuchte sie die 5. Klasse einer integrierten Gesamtschule und sie hatte gerade im Zeugnis eine 5 in Mathematik erhalten. Die Eltern befürchteten ein weiteres Abrutschen ihrer schulischen Leistungen. Sie berichteten, dass Aylin bei den Matheaufgaben unkonzentriert sei und vor den Klassenarbeiten regelmäßig Bauchschmerzen bekomme. Trotz mehrmaliger Vorsprachen der Eltern bei der Mathematiklehrerin gelang es ihnen nicht, für ihre Tochter eine schulische Förderung zu erhalten. Aylin besuchte deshalb seit der zweiten Klasse regelmäßig eine von ihnen privat finanzierte außerschulische Nachhilfeeinrichtung. Diese legte besonderen Wert darauf, dass die Kinder nach vorgegebenen Rechenwegen eine Vielzahl von Übungsaufgaben fehlerfrei bewältigten, was auch ohne Verständnis der mathematischen Zusammenhänge allein durch Auswendiglernen erreicht werden konnte. Obwohl sie inzwischen über drei Jahre diese Nachhilfe erhalten hatte, zeigten sich weder Verbesserungen in ihren mathematischen Leistungen noch in ihrer Motivation.

Beratungsgespräch

Das Beratungsgespräch ergab einen gravierenden Entwicklungsrückstand im Rechnen. Besonders ausgeprägt war bei Aylin das mechanische Rechnen. Sowohl in der Grundschule als auch in der Nachhilfeeinrichtung war mit ihr das schriftliche Rechnen geübt worden, ohne dass sie die zahlenmäßigen und rechnerischen Zusammenhänge ausreichend verstanden hatte. So fehlte ihr die notwendige Klarheit bezüglich der Größe der Zahlen, der Maß- und Geldeinheiten und der schriftlichen Verfahren, vor allem der Subtraktion.

Eine zu rasche Einführung des schriftlichen Rechnens kann zu einem Lernrückstand führen.

Therapiestunden

In der sich bei mir anschließenden Therapie begann ich nach der Behandlung des kleinen Eins-plus-eins und des Ein-mal-eins zügig mit dem halbschriftlichen Rechnen. Damit wollte ich ihre Motivation nach dem jahrelangen erfolglosen Üben durch

Erfolgserlebnisse stärken. Aylin hatte den Wunsch, möglichst bald mit »großen Zahlen« zu rechnen, um schnell auch die Rechenaufgaben ihrer Klasse richtig lösen zu können. Trotz ihrer schlechten Erfahrungen wollte sie Additionen und Subtraktionen lieber nach dem schriftlichen anstatt nach dem etwas aufwendigeren halbschriftlichen Verfahren rechnen. Das lag natürlich auch daran, dass ihr das halbschriftliche Verfahren zunächst größere Mühe bereitete. Damit ihr Interesse erhalten blieb, sie aber dennoch ihre Fehler selbst finden konnte, ließ ich sie zunächst nach beiden Verfahren rechnen. Um die Größenordnungen besser erkennen zu können, sollte sie die Werte jeweils in eine Stellentafel eintragen. Zur Überprüfung der Ergebnisse gab ich ihr Euro- und Cent-Münzen, mit denen wir bereits gerechnet hatten.

So bat ich sie, den Unterschied zwischen 121 ct und 608 ct zu berechnen. Sie trug die Werte auch stellengerecht in eine Stellentafel ein, die wir vorher behandelt hatten. Dabei schrieb sie, entsprechend der Reihenfolge in der Aufgabenstellung, den Wert 1,21 € über den Wert 6,08 € in die Stellentafel, um sie zu subtrahieren. Auch bei der halbschriftlichen (schrittweisen) Subtraktion fiel ihr nicht auf, dass sie von der kleineren Zahl (121 ct) die größere Zahl (608 ct) abziehen wollte.

Rechenverfahren dürfen nicht rezeptartig, d. h. rein mechanisch, eingesetzt werden.

121 ct / 608 ct

	10 €	1 €	10 ct	1 ct
121 ct – 608 ct =		6	0	8
121 ct – 8 ct = 113		1	2	1
113 ct – 0 ct = 113				
113 ct – 600 ct = 487 ct		4	8	7

Sowohl bei der schriftlichen Subtraktion in der Stellentafel als auch bei der halbschriftlichen Subtraktion können Sie erkennen, dass Aylin rein mechanisch vorging, indem sie etwa von 113 ct den größeren Wert 600 ct bei der schrittweisen Subtraktion bzw. von 1,21 € in der Stellentafel 6,08 € abzog. Auffallend war jedoch, dass sie bei beiden Rechnungen tatsächlich das richtige Ergebnis erhielt. In der Schule wie bei der Nachhilfe wäre ihre Lösung demgemäß als »richtig« abgehakt worden, ohne weitere Nachfrage. Mich interessierte aber ihr Rechenweg und nicht das Ergebnis, das ich ja kannte. Den erläuterte sie mir auf Nachfrage. So rechnete sie 113 ct − 600 ct wie folgt: von 3 bis 0 geht nicht, also von 3 bis 10 ist 7, merke 1, von 1 + 1 = 2 bis 10 ist 8, merke 1, und von 1 + 1 = 2 bis 6 ist 4. Sie rechnete also auch beim halbschriftlichen Rechnen nicht mit den ganzen Zahlen, sondern wie beim schriftlichen Rechnen nur mit den Ziffern, wie sie es in der Nachhilfe immer wieder mit der Sprechweise zur Subtraktion geübt hatte. Überdies vertauschte sie die Zahlen und rechnete nicht 113 ct − 600 ct, wie sie es aufgeschrieben hatte, sondern 600 ct − 113 ct. Diese Technik verwendete sie bei beiden Rechenverfahren.

Diese Aufgabe zeigt, dass Aylin das halbschriftliche Verfahren noch nicht verstanden hatte und es lediglich als eine andere Schreibweise des schriftlichen Verfahrens betrachtete. Auch das schriftliche Verfahren wandte sie nur rein rezeptartig an (z. B. Vertauschung der Zahlen). Damit sie selbst feststellen konnte, worin ihre falsche Vorgehensweise bestand, gab ich ihr genügend viele 1-€, 10-ct und 1-ct-Münzen. Damit konnte sie ohne Weiteres 6,08 € und 1,21 € darstellen und erkennen, welcher Betrag größer war. Dabei wurde ihr auch klar, dass sie von 6,08 € den kleineren Wert abziehen musste. Sie korrigierte daraufhin sofort ihren Eintrag in der Stellentafel, indem sie die richtigen Zahlen einfach über die bisherigen schrieb. Damit ihr die Subtraktion auch mit den Münzen konkret gelang, wechselte ich ihr eine 1-€-Münze in zehn 10-ct-Stücke um.

In den nächsten Stunden wiederholten wir die Stellenwerte, die Zerlegung der Zahlen (einschließlich Geldwechseln) und das halbschriftliche Verfahren beim Addieren und Subtrahieren, wie in den vorigen Kapiteln beschrieben. Unterstützt wurde diese Arbeit durch passende Spiele. Bei einem Einkaufsspiel hatte Aylin am Ende noch 32,85 € und ich 14,50 € übrig. Den Unterschied zwischen beiden Werten, also wie viel Geld sie mehr hatte als ich, ermittelte sie schrittweise:

$$32{,}85\,€ - 14{,}50 =$$
$$32{,}85\,€ - 0{,}50 = 32{,}35$$
$$32{,}35\,€ - 4\,€ = 28{,}35$$
$$28{,}35\,€ - 10\,€ = 18{,}35\,€$$

Sie benutzte hierbei das ihr mittlerweile sicherer erscheinende halbschriftliche Verfahren und kam auf diesem Weg problemlos zum richtigen Ergebnis.

Automatisierung mit der Lernkartei

Sowohl beim halbschriftlichen als auch beim schriftlichen Rechnen ist die Beherrschung sowohl des kleinen Ein-mal-eins als auch des kleinen Eins-plus-eins eine wichtige Voraussetzung. Nur wenn diese Basisaufgaben schnell und ohne lange Überlegung aus dem Gedächtnis abgerufen werden können, bleibt genug Gedächtniskapazität frei, um mehrere Rechenoperationen hintereinander ausführen zu können. So muss sich das Kind beispielsweise beim halbschriftlichen Multiplizieren auf die Vorgehensweisen konzentrieren, wie sie im Vorangegangenen beschrieben wurden (Welche Zahl wird zerlegt? Wie wird schrittweise gerechnet?). Wenn dann das Ein-mal-eins nicht sicher beherrscht wird, ist das Gedächtnis überlastet und es kommt bei den Rechenoperationen leicht zu Fehlern. Es genügt deshalb nicht, die Ein-mal-eins-Reihe von Beginn an auswendig zu können. Es ist notwendig, die Ergebnisse der Ein-mal-eins-Aufgaben in jeder beliebigen Reihenfolge, auch durcheinander, zu wissen.

Das Ein-mal-eins und seine Umkehrung bilden die Basis aller Multiplikations- und Divisionsaufgaben.

Um das kleine Ein-mal-eins und das Eins-plus-eins zu automatisieren, hat sich die Arbeit mit einer Lernkartei als erfolgreich erwiesen.

Lernkartei zum Üben des Ein-mal-eins

Im Folgenden wird eine spezielle Lernkartei beschrieben, wie sie sich in meiner Arbeit bewährt hat.

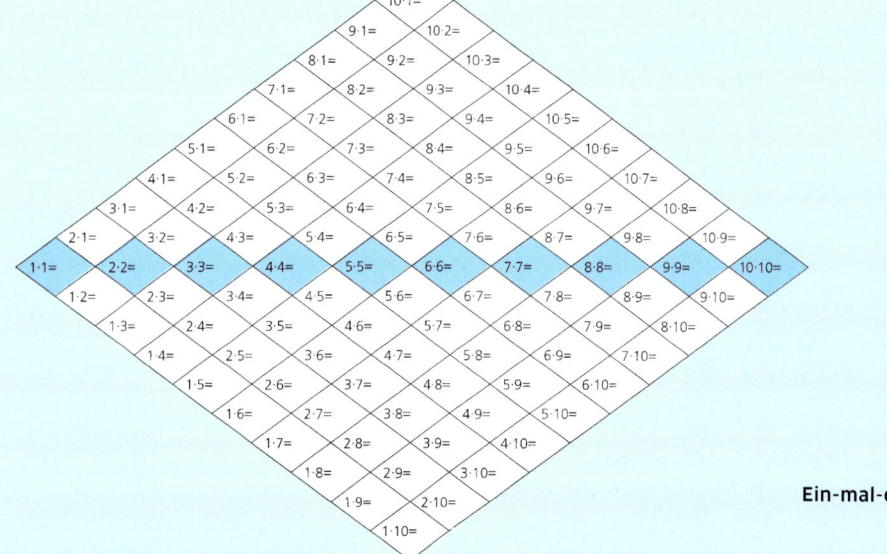

Ein-mal-eins-Tafel

In dieser Tabelle finden Sie alle 100 Multiplikationen des kleinen Ein-mal-eins. Wie Ihnen auffallen wird, sind die 45 Aufgaben oberhalb und unterhalb der blauen mittleren Aufgabenreihe gleich, da ihre Ergebnisse sich nach dem Vertauschungsgesetz nicht unterscheiden (z. B. 6 · 5 und 5 · 6) Damit müssen nur die oberen oder die unteren Aufgaben gelernt werden. Das erleichtert das Arbeiten mit der Lernkartei, wenn sich Ihr Kind jeweils an diese Vertauschungsmöglichkeit erinnert.

Die Lernkartei beruht auf dem Prinzip des wiederholenden Lernens. Danach benötigt ein Lernstoff mehrere (mindestens fünf) Wiederholungen in zeitlicher Abfolge, bis er im Gedächtnis (Langzeitgedächtnis) fest verankert ist. Deshalb durchlaufen die Karten der Lernkartei mindestens fünf Durchgänge. Dabei werden zuerst die leicht merkbaren Aufgaben (Kernaufgaben) geübt und dann die sich an diese anknüpfenden Ableitungsaufgaben. Erst danach schließt sich die vollständige mit eins beginnende Ein-mal-eins-Reihe (z. B. 1 · 5, 2 · 5, 3 · 5 ...) an. Diese Vorgehensweise erleichtert das verständnisvolle Lernen und knüpft an bereits Gewusstem an.

Damit beim Lernen mehrere Sinne angesprochen werden, sollten die Aufgaben nicht nur leise, sondern auch laut gelesen werden. Das gilt sowohl für die Aufgaben auf der Vorderseite als auch für die Aufgaben und Ergebnisse auf der Rückseite der Lernkarten.

Beim Automatisieren der Multiplikation kann auch deren Umkehrung, die Division gleich mit einbezogen werden, wie es beim Erarbeiten der Operationen empfohlen wurde. Erfahrungsgemäß fällt es selbst Kindern mit RS nicht schwer, zu merken, dass aus jeder Multiplikation (z. B. 5 · 7 = 35) zwei Divisionen (35 : 7 = 5 und 35 : 5 = 7) abgeleitet werden können. Deshalb kann in der Regel auf eine gesonderte Lernkartei für die Division verzichtet werden. Andernfalls ist eine Eins-durch-eins-Lernkartei nach der gleichen Struktur wie bei der Multiplikation zu verwenden.

Nach einer Einleitung, Erläuterung und kurzer gemeinsamer Übungszeit kann Ihr Kind das Ein-mal-eins mithilfe der Lernkartei selbstständig und ohne Kontrolle durch Sie üben, was einige Kinder als vorteilhaft empfinden.

Was benötigen Sie?

1. Einen etwa 12 cm x 18 cm großen Karteikasten mit fünf verschieden breiten Fächern, in die jeweils passende Lernkarten in drei Farben (DIN A6 oder DIN A7) hineingesteckt werden können.
2. Einen Aufbewahrungskasten mit ca. 180 Lernkarten für die Multiplikation. In ihm werden die einzelnen Aufgabenpäckchen (z. B. Malnehmen mit 5) durch entsprechend beschriftete Registerkarten, die erkennbar aus den Lernkarten herausragen sollten, voneinander getrennt.

Die 9 Registerkarten sind mit den Überschriften
Malnehmen mit 2
Malnehmen mit 3
Malnehmen mit 5, usw.
bis Malnehmen mit 10 versehen.

Für das Malnehmen mit 1 werden keine Lernkarten benötigt, da die Aufgaben den Kindern meist bekannt sind. Überzeugen Sie sich aber davon, dass Ihr Kind weiß, was bei jeder beliebigen Zahl die Multiplikation mit 1 ergibt, nämlich die Zahl selbst.

Hinter den Registerkarten stehen jeweils rote, blaue und weiße Lernkarten mit den Aufgaben (z. B. 5 · 5) auf der Vorderseite und den Aufgaben mit den Ergebnissen (z. B. 5 · 5 = 25) auf der Rückseite. Dabei beinhalten die roten Karten die Kernaufgaben, die blauen die Ableitungsaufgaben und die weißen die gesamte unveränderte Ein-mal-eins-Reihe. Da es das Lernen erleichtert, wenn an Bekanntem angeknüpft wird und weil dadurch für das Kind auch eine angenehmere Lernatmosphäre geschaffen wird, stehen auf den roten und blauen Karten jeweils zwei bzw. drei Aufgaben. Die erste Aufgabe – ab der zweiten Karte – ist eine Wiederholung einer bereits vorangegangenen Aufgabe und die zweite bzw. dritte Aufgabe eine Kern- oder Ableitungsaufgabe.

Kern- und Ableitungsaufgaben erleichtern das Auswendiglernen des Ein-mal-eins.

3. Beispielsweise stehen hinter der Registerkarte **Malnehmen mit 5** zunächst **3 rote Karten** mit den Kernaufgaben – jeweils die zweite Aufgabe – $(2 \cdot 5, 10 \cdot 5, 5 \cdot 5)$, die leicht zu merken sind: erste Karte $1 \cdot 5$, $2 \cdot 5$, zweite Karte $1 \cdot 5$, $10 \cdot 5$, dritte Karte: $10 \cdot 5$, $5 \cdot 5$.

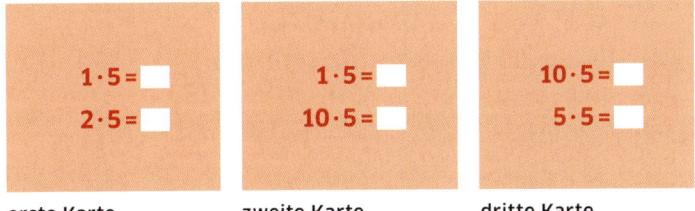

erste Karte   zweite Karte   dritte Karte

Danach schließen sich **6 blaue Karten** mit Ableitungsaufgaben – jeweils die zweiten bzw. dritten Aufgaben – an. Zunächst kommen 3 Karten mit Aufgaben, die den Kernaufgaben benachbart sind. Erste Karte: $2 \cdot 5$, $3 \cdot 5$, zweite Karte: $10 \cdot 5$, $9 \cdot 5$, und dritte Karte: $5 \cdot 5$, $6 \cdot 5$. Danach folgt eine Karte, deren Aufgaben durch Verdoppeln entstehen. Zum Schluss folgen noch zwei Karten, deren Aufgaben unterm Strich durch Addition $(5 + 2 = 7)$ und durch Subtraktion $(10 - 2 = 8)$ abgeleitet werden: fünfte Karte: $5 \cdot 5$, $2 \cdot 5$ mit $7 \cdot 5$, und sechste Karte: $10 \cdot 5$, $2 \cdot 5$ mit $8 \cdot 5$.

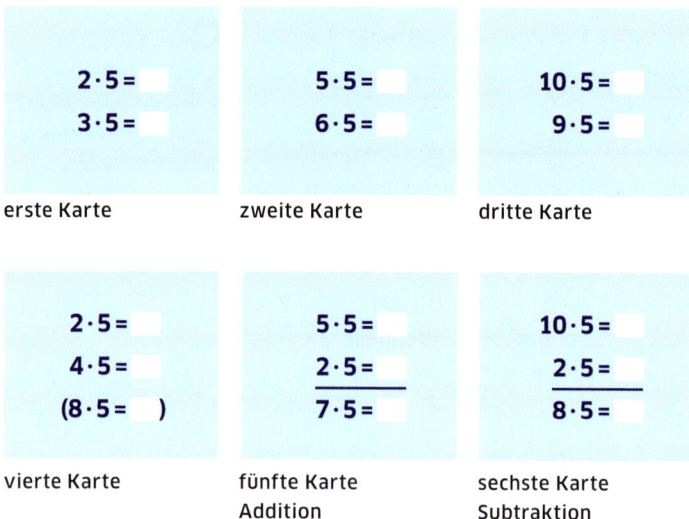

erste Karte

zweite Karte

dritte Karte

vierte Karte

fünfte Karte
Addition

sechste Karte
Subtraktion

Diese Zusammenstellung aller Ein-mal-eins-Aufgaben auf den roten und blauen Karten erleichtert es, die noch nicht gewussten Ergebnisse abzuleiten. Daran schließen sich die 10 weißen Ein-mal-eins-Karten ohne zusätzliche Aufgaben an: $1 \cdot 5$, $2 \cdot 5$, $3 \cdot 5$, ..., $10 \cdot 5$. Mit den weißen Karten wird das unmittelbare Abrufen der Ein-mal-eins-Ergebnisse aus dem Gedächtnis geübt.

Die für das Ein-mal-eins mit 5 dargestellten Aufgaben und ihre Ergebnisse der Lernkarten gelten in gleicher Weise für alle anderen Ein-mal-eins-Aufgaben, indem die Multiplikation mit 5 jeweils durch die Multiplikationen mit 2, 3, 4, 6, 7, 8, 9 und 10 ersetzt wird.

Wie wird geübt?

Je nach dem Kenntnisstand Ihres Kindes sollten Sie »mäßig, aber regelmäßig« üben, d.h. an einem Tage höchstens 10 Minuten. Voraussetzung ist allerdings, wie bereits erläutert, dass Ihr Kind die Rechenoperation Multiplikation bereits »begriffen« hat.

Nehmen Sie jeweils die Lernkarten aus dem Aufbewahrungskasten heraus, die geübt werden sollen (z. B. 19 Karten einer Reihe). Beginnen Sie zunächst damit, die einzelnen Aufgaben auf
den drei roten Karten, dann auf den sechs blauen Karten und
danach erst auf den zehn weißen Karten durchzugehen. Hierbei
liest Ihr Kind die Aufgaben auf den Vorderseiten laut vor und
nennt gleich ihre Ergebnisse oder leitet sie aus bekannten Ergebnissen ab (z. B.: Da $10 \cdot 5 = 50$ ist, ist $9 \cdot 5$ einmal 5 weniger, also
45). Anschließend werden sie sofort mit den Aufgabenergebnis-
sen auf der Rückseite verglichen und laut vorgelesen. Dies kann
nach Bedarf wiederholt werden.

**Mit der Lernkartei
werden vor allem die
Aufgaben wiederholt,
deren Ergebnisse noch
nicht spontan genannt
werden können.**

Nach dieser Vorübung wird der zu übende Kartenstapel ungeordnet (vorher mischen) in das Fach 1 gelegt. Er wandert dann
von dort bis ins Fach 5 (fertig) nach folgendem Verfahren:

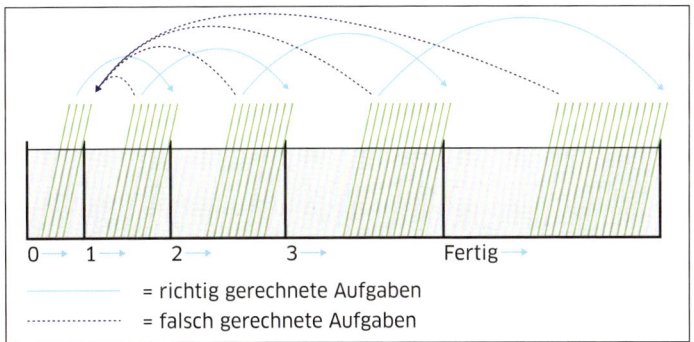

= richtig gerechnete Aufgaben
= falsch gerechnete Aufgaben

1. Durchgang: Jeweils eine Karte aus dem Fach 1 nehmen und
die Aufgaben (möglichst laut) lesen, die Ergebnisse nennen und
mit der Rückseite vergleichen. Stimmen die Ergebnisse, kommt
die Karte in das Fach 2, wenn die Antwort schnell erfolgt, d. h.
wenn für eine Aufgabe weniger als eine Sekunde und bei Nach-
bar- und Ableitungsaufgaben mit mehreren Teilaufgaben nur
entsprechend mehr benötigt wird. Andernfalls wird das richtige

Ergebnis (möglichst laut) gelesen und die Karte in das Fach 1 zurückgelegt.

2. Durchgang: An einem anderen Tag werden die verbliebenen Karten des Fachs 1 wie beim ersten Durchgang behandelt und die Karten, deren Ergebnisse schnell genannt wurden, ins Fach 2 gelegt. Die anderen bleiben im Fach 1 und werden beim nächsten Üben mit einbezogen. Wenn die Karten des Fachs 2 durchgearbeitet werden, kommen die Karten mit den richtig genannten Ergebnissen ins Fach 3. Von dort wandern wiederum die Karten mit den richtig genannten Ergebnissen ins Fach 4 und die nicht gewussten ins Fach 1 zurück.

3. Durchgang: An einem weiteren Tag wird ein neu zu lernender Stapel aus dem Aufbewahrungskasten in das Fach 1 gelegt. Dabei dürfen die Stapel nicht zu groß sein, damit sie in das Fach 1 passen, bevor sie in das Fach 2 wandern. Geübt wird dann wie im 1. und 2. Durchgang.

Letzter Durchgang: Haben alle Karten nach längerer Übungszeit das letzte Fach erreicht, werden sie mit »f« (fertig) gekennzeichnet. Sie werden in den Aufbewahrungskasten zurückgelegt.

Für jede gelernte Reihe sollten Sie eine kleine Belohnung für Ihr Kind vorsehen.

Wichtig bei diesem Verfahren ist es, dass die Aufgabenkarten, deren Ergebnisse nicht schnell genug gewusst oder wieder vergessen wurden, immer in das Fach 1 zurückgehen, auch wenn sie bereits im Fach 3 oder 4 waren! Bei Bedarf, z. B. wenn im Schulunterricht vermehrt multiplikative Aufgaben durchgenommen werden, kann das Üben des Ein-mal-eins – auch unter Berücksichtigung der Division – nochmals wiederholt werden.

Wie sieht eine kompetente Förderung durch Eltern aus?

> Sie erfordert bestimmte Verhaltensweisen, die von Ihnen eingehalten werden sollten, und die Kenntnis wichtiger Grundsätze, um mathematisches Basiswissen vermitteln zu können.

> Ihr Kind muss spüren, dass Sie es lieben und annehmen, so wie es ist und unabhängig von seinen schulischen Leistungen.

> Wählen Sie für das häusliche Üben einen ruhigen Platz ohne Ablenkung. Üben Sie nicht zu lange, aber regelmäßig.

> Das Denken Ihres Kindes ist durch geeignetes, konkretes Anschauungsmaterial zu unterstützen. Wenn eine Rechenoperation »begriffen« wurde, muss dies durch häufiges Wiederholen unbedingt automatisiert werden.

> Zunächst sollte in dem Zahlenraum gearbeitet werden, in dem Ihr Kind ohne Hilfe rechen kann. Es muss sowohl die Zählzahlen und Ordnungszahlen als auch die Kardinalzahlen, erkennen und mit ihnen rechnen können. Besonders wichtig ist das Kopfrechnen, ohne zu zählen.

> Hilfreich beim Lernen der Grundrechenarten bis 100 und darüber hinaus ist das halbschriftliche Rechenverfahren. Auch die Multiplikation und Division können mit diesem Verfahren anschaulich am Zahlenstrahl geübt werden.

> Die schriftlichen Rechenverfahren müssen nach allgemein vereinbarten Vorgehensweisen und Sprechweisen den Kindern deutlich werden.

Hilfsmaßnahmen der Schulen

In Deutschland hat jedes der 16 Bundesländer seine eigene Kulturhoheit mit unterschiedlichen rechtlichen Bestimmungen für alle Schulformen.

Dementsprechend hat jedes Land eigene Mathematiklehrpläne mit pädagogisch-didaktischen Anweisungen und Prüfungsordnungen (Rahmenpläne, Bildungsstandards). Damit bei den Lehrplänen eine gewisse Einheitlichkeit hergestellt werden kann, veröffentlicht die Ständige Konferenz der Kultusminister (KMK) von Zeit zu Zeit Beschlüsse, die den Ländern als Grundlage für fachspezifische Anforderungen dienen, z. B. für den Mathematikunterricht an Grundschulen.

Es gibt keine einheitlichen rechtlichen Vorschriften in allen Bundesländern zur Förderung von Kindern mit RS.

Ebenso legt die KMK in zeitlichen Abständen Grundsätze zur Förderung von Schülern mit besonderen Schwierigkeiten im Lesen und Rechtschreiben vor, nach denen die Bundesländer die Gestaltung ihrer Ländererlasse ausrichten sollen.

Leider konnte sich die KMK lange Zeit nicht auf Grundsätze für Kinder mit Rechenschwierigkeiten einigen, obwohl es entsprechende Empfehlungen gab, die gutachterlich u. a. von mir unterstützt wurden. Das bekommen Eltern mit RS- Kindern beim Umzug in ein anderes Bundesland zu spüren. Erst in einer Neufassung vom 15.11. 2007 hat die KMK die »Grundsätze für Schülerinnen und Schüler mit besonderen Schwierigkeiten im Lesen und Rechtschreiben« um einen Abschnitt für »Schülerinnen und Schüler mit besonderen Schwierigkeiten im Rechnen« erweitert. Damit geraten diejenigen Bundesländer in Zugzwang, die bislang keine gesetzlichen Maßnahmen für RS-Schüler vorgesehen haben. Allerdings beschränkt sich der Beschluss der KMK allein auf den Hinweis, dass die Möglichkeiten der Beratung und Förderung – wie sie bei Lese-Rechtschreib-Schwierigkeiten eingesetzt werden – auch bei Rechenschwierigkeiten in der Grundschule auszuschöpfen sind. Eine Berücksichtigung von Schwierigkeiten im Rechnen bei der für die Kinder besonders wichtigen Benotung wird jedoch ausgeschlossen. Die Schule soll u. a. am jeweiligen Entwicklungsstand des Kindes ansetzen und Arbeitsformen entwickeln, durch die es die erforderlichen, individuellen Entwicklungsmöglichkeiten erhält.

Weiter reichende Hilfen enthalten beispielsweise die bereits vorliegenden Erlasse für RS-Schüler in Niedersachsen, Hessen und vor allem Rheinland-Pfalz. Jedes Grundschulkind in Rheinland-Pfalz soll laut der Verordnung zur Förderung von Kindern mit Lernschwierigkeiten und Lernstörungen gefördert werden, sobald sich Lernprobleme ergeben. In Hessen sind seit 2005 auch Rechenschwierigkeiten in einer Verordnung zur Förderung von Schülerinnen und Schülern mit besonderen Schwierigkeiten im Lesen, Rechtschreiben oder Rechnen in der Grundschule eingeschlossen. Ausgenommen sind hier allerdings Schülerinnen und Schüler, bei denen eine nicht näher definierte »umfassende Lernbehinderung« vorliegt. In Niedersachsen kann in einem gleichlautenden Erlass vom 4.10.2004 die Förderung auch im Sekundarstufenbereich I der allgemeinbildenden Schulen und an den berufsbildenden Schulen im Rahmen der Berufsvorbereitung fortgesetzt werden, wenn die Schwierigkeiten vorher nicht behoben werden konnten.

Wie wichtig sind für Ihr Kind die Erlasse oder Verordnungen Ihres Bundeslandes?

Es handelt sich hierbei um ministerielle Dienstanweisungen für die Schulleitungen und Lehrerinnen, deren Durchführung rechtsverbindlich ist. Sie bilden den Rahmen für die Maßnahmen, die bei Kindern mit Rechenschwierigkeiten zur Feststellung, Förderung und Leistungsfestsetzung einzusetzen sind. Verstöße der Schulen gegen Verordnungen können – im Gegensatz zu Richtlinien – sogar eingeklagt werden. Sie werden in Amtsblättern oder offiziellen Rundschreiben der Bundesländer veröffentlicht und sollten allen Unterrichtenden bekannt sein. Eltern können die schulrechtlichen Bestimmungen, die für Kinder mit Rechenschwierigkeiten gelten, bei ihrer zuständigen Schulbehörde anfordern oder sie im Internet von der Homepage der Kultusbehörde herunterladen.

Betroffene Eltern sollten sich die amtlichen Vorschriften ihres Bundeslandes zur Förderung von Schülerinnen und Schülern mit RS besorgen.

Hilfen für RS-Kinder sind – außer in Niedersachsen – nur für die Grundschulzeit vorgesehen. Diese Einschränkung in den Ländererlassen wurde vorgenommen, obwohl bekannt ist, dass die Schwierigkeiten im Rechnen in vielen Fällen erst gegen Ende der Grundschulzeit oder in der Sekundarstufe auffallen. Das liegt daran, dass im Rechnen lange Zeit richtige Ergebnisse durch bloßes Auswendiglernen erzielt werden können, die vorübergehend zu ausreichenden Leistungen führen (siehe S. 1, Mechanisches Rechnen).

Begrüßenswert für Kinder mit RS ist es, wenn ein Bundesland in seinen Vorschriften auch eine Förderung über die Grundschulzeit hinaus vorsieht.

Der Erlass Niedersachsens für Schülerinnen und Schüler mit besonderen Schwierigkeiten im Lesen, Rechtschreiben oder Rechnen, der auch eine Förderung über die Grundschulzeit hinaus vorsieht, zählt Vorkurse zur Entwicklung des Zahlbegriffs und Mathematikförderprogramme auf handlungsorientierter Basis

zu seinen besonderen Fördermaßnahmen. Abweichend von der grundsätzlichen Auffassung der KMK sind in Niedersachsen auch bei der Leistungsfestsetzung im Rechnen Erleichterungen vorgesehen. Diese bestehen insbesondere aus einem zeitweiligen Verzicht auf die Bewertung von Klassenarbeiten während der Förderphase. Die Abweichungen von den Grundsätzen der Leistungsbewertung sind dann im Zeugnis durch entsprechende Hinweise zu vermerken. Allerdings ist diese Abweichung von den allgemeinen Leistungsgrundsätzen ebenfalls auf die Grundschule beschränkt, dasselbe gilt für die vorrangig einzusetzenden Hilfen im Sinne eines »Nachteilsausgleichs«. Dieser beinhaltet in Niedersachsen insbesondere die Ausweitung der Arbeitszeit, beispielsweise bei Klassenarbeiten, den Einsatz von didaktischen und technischen Hilfsmitteln und das Entwickeln einer dem individuellen Lernstand angepassten Aufgabenstellung.

Sowohl der Verzicht auf die Bewertung von Arbeiten als auch der »Nachteilsausgleich« sind für Kinder mit RS entlastend und können bewirken, die für den Schulerfolg so wichtige Lernmotivation zu erhalten oder zu erlangen. Natürlich wäre es sehr hilfreich, wenn diese Erleichterungen über die Grundschule hinaus gelten würden, wenn die Rechenschwierigkeiten bis dahin nicht behoben werden konnten.

Wie sieht die praktische Umsetzung der Erlasse und Verordnungen aus?

Als Eltern müssen Sie damit rechnen, dass der Kenntnisstand der Lehrerinnen und Lehrer höchst unterschiedlich ist und dass nicht alle die Verordnungen ihres Bundeslandes kennen und Kinder mit RS in der vorgeschriebenen Weise fördern. Eltern treffen auch immer wieder auf Lehrkräfte, die nicht akzeptieren wollen, dass Kinder mit unterschiedlichen Fähigkeiten und Fertigkeiten in die Schule kommen und nur durch einen differenzierten Unterricht und Unterstützung in ihrem Lernprozess erfolgreich lernen können. Nach wie vor erleben Eltern, wie die Lernschwierigkeiten ihres Kindes als Rechen- und Intelligenzschwäche angesehen werden, für die sich Lehrer der Regelschule nicht zuständig fühlen. Die Verantwortung wird dann an schulpsychologische Dienste, Elternberatungsstellen, private Einrichtungen oder Sonderschulen delegiert. Klagen über fehlende fachwissenschaftliche und vor allem fachdidaktische mathematische Ausbildung der Lehrkräfte werden seit Jahrzehnten von Fachleuten und Verbänden geführt, haben aber nur zu punktueller Besserung geführt. Ähnlich problematisch sieht es mit der Weiterbildung im Bereich der Rechenschwierigkeiten und der förderdiagnostischen Arbeit aus.

Andererseits gibt es aber auch engagierte Lehrerinnen und Lehrer, die den Kindern mit Rechenschwäche mit großem Verständnis und besonderen Förderangeboten, auch über die jeweiligen Länderbestimmungen hinaus, entgegenkommen, da sie den ihnen zur Verfügung stehenden pädagogischen Ermessensspielraum im Interesse des einzelnen Kindes voll ausnutzen. Doch selbst bei größtem Engagement wird es immer wieder einzelne Kinder geben, deren Schwierigkeiten so komplex sind, dass sie nicht mit schulischen Mitteln allein behoben werden können.

Sie benötigen eine intensive integrative außerschulische Einzel-
förderung.

Damit Sie es erreichen können, dass die Lehrerin oder der Lehrer
sich für Ihr Kind besonders engagiert, sollten Sie einen intensi-
ven Kontakt suchen.

Worauf müssen Sie bei Gesprächen mit den Lehrkräften achten?

Ein regelmäßiger Austausch zwischen Elternhaus und Schule
ist immer wichtig, ganz besonders natürlich bei Schwierigkeiten. Besuchen Sie die Elternabende, um die schulischen Konzepte kennenzulernen, und besuchen sie in Abständen die Sprech-
stunden der Klassen- und Mathematiklehrerin Ihres Kindes. Da
Elternabende sich nicht für Gespräche über einzelne Kinder eignen, sollten Sie sich zum Einzelgespräch mit der Lehrerin an-
melden. Ein vertrauensvolles Gesprächsklima ist für alle Betroffenen von Vorteil, am meisten für Ihr Kind.

Für das Gespräch mit der Lehrkraft folgende Tipps: Hören Sie sich zunächst die Einschätzung der Lehrkraft an. Fragen Sie nach, wenn Ihnen Einzelheiten unverständlich sind oder Sie diese anders sehen. Achten Sie aber immer darauf, dass Sie Ihr Kind im Gespräch nicht in irgendeiner Form herabsetzen oder intime persönliche Dinge preisgeben. Andererseits sollte die Schule Bescheid wissen, wenn häusliche Probleme oder Krankheiten für einen Leistungsabfall infrage kommen.

Hat ein Kind Probleme im Rechnen, dann sollte man sich zuerst an die Mathematiklehrkraft wenden.

Versuchen Sie zu erfahren, wo die Lehrerin die Stärken und Schwierigkeiten Ihres Kindes sieht und wie Sie die Bemühungen der Schule zu Hause sinnvoll unterstützen können.

Haben Sie kritische Anmerkungen, so belegen Sie diese möglichst mit konkreten Beispielen aus Hausheften, Klassenarbeiten, Notizen. Diskutieren Sie möglichst sachlich und vermeiden Sie persönliche Angriffe.

Sind für Ihr Kind Fördermaßnahmen vorgesehen, so verlangen die Erlasse den Einbezug der Eltern. Nutzen Sie diese Gespräche, um die bestmögliche Hilfe für Ihr Kind zu erhalten. Lassen Sie sich von der Lehrkraft über die eingeleiteten Maßnahmen (Förderpläne) der Schule aufklären, die aufgrund der amtlichen Verordnung zur Förderung von Schülern mit RS bei Ihrem Kind ergriffen wurden.

Sollte es trotzdem zu größeren Auseinandersetzungen kommen, so sollten Sie immer den Dienstweg einhalten, also zuerst mit der betroffenen Fachlehrerin sprechen, dann mit der Klassenlehrerin und danach mit der Schulleitung, bevor Sie das Schulamt oder das Kultusministerium einschalten. Erfreulicherweise gelingt es aber den meisten Eltern, das notwendige Verständnis für ihr Kind zu erhalten, ohne diesen Dienstweg beschreiten zu müssen.

Möglichkeiten staatlicher Förderung und Beratung

> Die Beratungs- und Förderungsmöglichkeiten für das Fach Mathematik sind in den einzelnen Bundesländern unterschiedlich geregelt. Entsprechend sollten Sie sich hinsichtlich der länderspezifischen Erlasse kundig machen.

> Um Ihrem Kind zu helfen ist der regelmäßige Austausch mit der Fachlehrerin oder dem Fachlehrer besonders wichtig. Kritische Anmerkungen sollten Sie möglichst mit konkreten Beispielen (Hausaufgabenheft, Klassenarbeitsheft usw.) belegen.

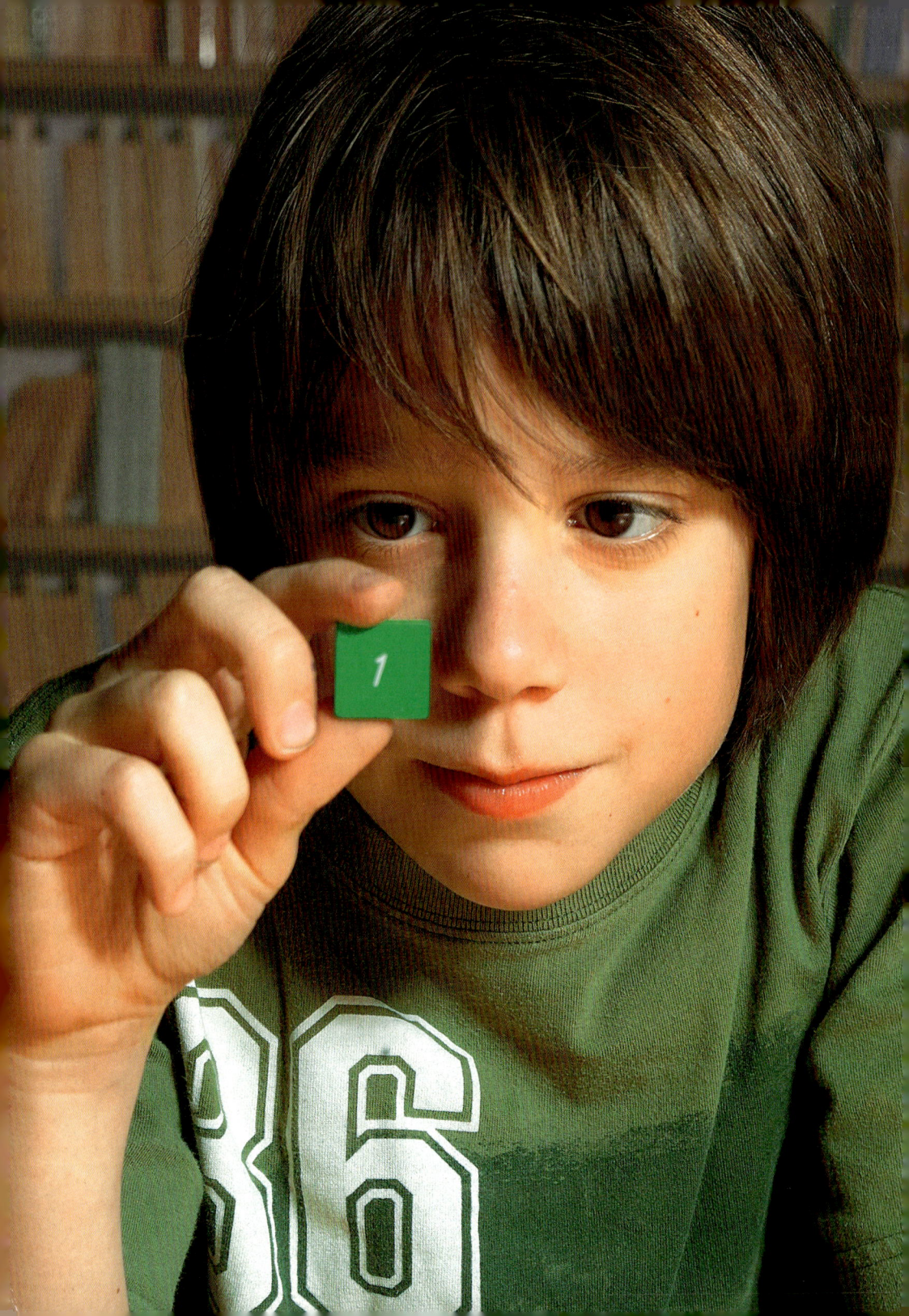

Können außerschulische Einrichtungen wirksam helfen?

Reicht schulische Hilfe nicht oder findet im Unterricht keine Förderung statt, so sollten Sie sich, wenn Sie die Förderung Ihres Kindes nicht selbst durchführen oder durchführen lassen, nach einer außerschulischen Einrichtung umsehen.

Als Eltern müssen Sie darauf achten, dass die Förderung der mathematischen Kompetenz im Zentrum der Arbeit steht. Wichtig ist, dass ausgehend vom Entwicklungsstand Ihres Kindes der Rückstand in den mathematischen Grundlagen schrittweise abgebaut wird. Um individuell und gezielt helfen zu können, empfiehlt sich bei einem größeren Entwicklungsrückstand eine Einzeltherapie, die in kürzerer Zeit die fehlenden Einsichten unter Einbezug der emotionalen Befindlichkeit vermitteln kann als bei einer Förderung in einer Gruppe. Angebote, deren Schwerpunkt auf dem Auswendiglernen vorgegebener Rechenwege beruht, sollten Sie sehr kritisch hinterfragen.

Hinsichtlich der Ausbildung von Therapeuten, die Kinder mit RS fördern sollen, besteht ein großer Nachholbedarf. Leider gibt es keine verbindliche universitäre Aus- und Weiterbildung, und die wird es wegen der vielen unterschiedlichen Sichtweisen wohl auch kaum geben. **Sie sollten deshalb Wert darauf legen, dass der Therapeut oder die Therapeutin Ihres Kindes in einer außerschulischen Einrichtung ein abgeschlossenes Hochschulstudium mit den Schwerpunkten Mathematik oder Pädagogik besitzt und eine Zusatzausbildung im Bereich RS absolviert hat.** Grundvoraussetzungen einer therapeutischen Tätigkeit mit RS-Kindern sind ein solides pädagogisches Wissen und Kenntnisse in Methodik und Didaktik der Mathematik, insbesondere des mathematischen Anfangsunterrichts.

Therapieeinrichtungen sollten die Förderung der mathematischen Kompetenz in den Mittelpunkt ihrer Arbeit stellen.

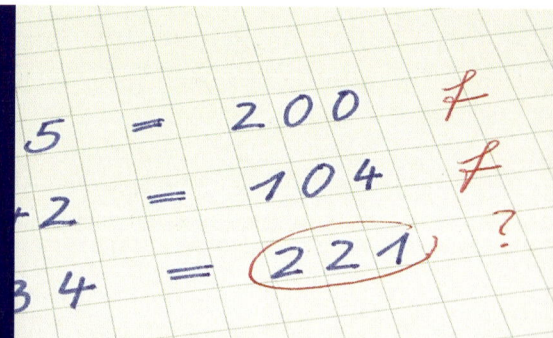

Welche Ziele sollte eine außerschulische Förderung verfolgen?

Ziel der Förderung muss sein, Ihr Kind möglichst rasch an die **Lernziele seiner Jahrgangsstufe** in Mathematik heranzuführen, sein **Selbstvertrauen** und sein **Selbstwertgefühl** zu **stabilisieren**, seine **Eigenständigkeit** zu erhöhen, seine **Motivation** zu verbessern und seine Ängste gegenüber Mathematik und seine Abneigung gegenüber dem Lernen abzubauen.

Unter der Voraussetzung, dass ein Kind das Förderangebot bereitwillig annimmt, intensiv und regelmäßig mitarbeitet und von den Eltern aktiv unterstützt wird, kann eine grundlegende Verbesserung der Leistung in Mathematik erzielt werden. Ich stelle das FIT-Konzept auch deswegen vor, damit sich Eltern, die ihr Kind selbst fördern wollen, an ihm orientieren können.

Die Bausteine des Frankfurter integrativen Therapiekonzepts (FIT) sichern den Erfolg einer Therapie bei RS.

Der Erfolg der Arbeit hängt von der Berücksichtigung der folgenden sechs Bausteine ab, die ich in meiner Praxis im Rahmen des Frankfurter integrativen Therapiekonzepts (FIT) für Kinder mit RS entwickelt habe.

Baustein 1: Ausgangspunkt ist das Erstellen eines individuellen Förderplans auf der Basis eines Beratungsgesprächs mit den Eltern und dem Kind. Hierauf beruht

Baustein 2: die Förderung der mathematischen Kompetenz unter Berücksichtigung der spezifischen Interessen und Lernwege des Kindes, wobei in

Baustein 3: die psychischen Bedürfnisse und Nöte des Kindes in die Therapiestunden einbezogen werden und in

Baustein 4: das Kind eine nachvollziehbare Therapiestruktur erfährt. Lernmethodische Hilfen erleichtern die Organisation seines Lernens.

Baustein 5: Gespräche und Absprachen mit den Eltern und Kontakte zu den Lehrkräften begleiten und stützen den Therapieprozess.

Baustein 6: In der Förderarbeit werden nur methodisch-didaktisch geeignete Arbeitsmaterialien eingesetzt.

Die sechs Bausteine des FIT-Konzepts

Zum besseren Verständnis werden diese sechs Bausteine näher beleuchtet:

Baustein 1

Für die Eingangsdiagnose von RS haben sich intensive Beratungsgespräche als aussagekräftiger erwiesen als die Ergebnisse standardisierter Rechen- und Intelligenztests. Vor jedem Beratungsgespräch erhalten die Eltern einen Fragebogen, der zur Vorbereitung und Information dient.

Der Fragebogen betrifft die Gründe für die Beratung, die frühkindliche, vorschulische und bisherige schulische Entwicklung des Kindes, eine eventuelle schulische und/oder außerschulische Förderung sowie eine Einschätzung der emotionalen Befindlichkeit. In Anwesenheit der Eltern wird in einem 1½ bis 2 Stunden dauernden Anamnesegespräch der aktuelle Lernstand des Kindes ermittelt und seine mathematische Denkweise unter Einbezug der Auswirkungen auf sein Verhalten und seine Psyche

Beratungsgespräche nach dem FIT-Konzept sind aussagekräftiger als Ergebnisse standardisierter Tests.

analysiert. Das Beratungsgespräch basiert u. a. auf den von Ginsburg entwickelten Fragestellungen zur Untersuchung von Lernschwierigkeiten, wobei die beiden folgenden Verfahren eingesetzt werden:

Das **»klinische Interview«**, eine flexible Befragung des Kindes, bei dem sich der Erwachsene bemüht, dem Denken des Kindes zu folgen, ohne es zu beeinflussen und ohne dem Kind sein Wissen aufzudrängen.
Das **»laute Denken«**, bei dem das Kind dem Erwachsenen seine Rechenwege erläutert und begründet. Bei Kindern, die es nicht gewöhnt sind, ihre Gedanken sprachlich auszudrücken, sind dabei die eingeschränkte Ausdrucksfähigkeit und Sprachgewandtheit durch zusätzliche Erläuterungen und Nachfragen zu berücksichtigen.

Mithilfe einer Fehleranalyse wird untersucht, welche Fehler bei einer Rechenaufgabe gemacht und welche ungeeigneten Strategien hierbei eingesetzt werden. Dadurch lässt sich auch feststellen, ob und welche Aufgaben nur mechanisch gelöst werden und welche Vorstellungen das Kind von der Mathematik hat.

Oft fehlt Kindern mit RS die Einsicht in den Zusammenhang zwischen informeller und formaler Mathematik. Die »informelle« Mathematik ergibt sich aus Alltagssituationen, wie das Zählen und Rechnen beim Spielen oder beim Umgang mit Taschengeld. Mit »formal« bezeichnet man die Mathematik, die in der Schule nach den Lehrplänen unterrichtet wird. Eltern und Kind sollen in dem Beratungsgespräch erkennen, welche mathematischen Kenntnisse bereits vorliegen und wo eine systematische Förderung ansetzen müsste. Es werden Anregungen zum Umgang mit dem Kind gegeben, mit dem Ziel, sein Selbstwertgefühl zu stärken, das durch die Lernprobleme oft angegriffen ist.

Bei RS fehlt häufig die Einsicht in den Zusammenhang zwischen »informeller« und »formaler« Mathematik.

Hier ein Auszug aus einem Beratungsgespräch aus meiner Praxis:

Beispiel 5: Beratung Anna

Beratungsgespräch mit Eltern und Kind
Vorgeschichte

Annas Eltern machten sich Sorgen um ihre neunjährige Tochter, die in der 4. Klasse große Schwierigkeiten in Mathematik zeigte. Sie suchten die Beratung, um konkrete Hilfen zu erhalten. Aus dem Anamnesebogen und dem Gespräch mit den Eltern ergab sich folgende Vorgeschichte:

Seit der dritten Klasse hatten die Eltern beobachtet, dass ihre Tochter beim Rechnen zunehmend unkonzentrierter wurde, leicht weinte und sich immer unsicherer fühlte. Ihre Klassenarbeiten wurden immer häufiger mit »mangelhaft« benotet. Nach Meinung der Lehrerin waren Annas Leistungen lediglich sehr schwankend, aber es liege keine Rechenschwäche vor. Da die Eltern beunruhigt waren und eine weitere Verschlechterung der Mathematikleistungen und des Selbstwertgefühls ihrer Tochter befürchteten, ließen sie Anna in einer Universitätsklinik untersuchen. Der psychologische Untersuchungsbericht bescheinigte Anna eine Teilleistungsschwäche und Dyskalkulie und empfahl den Eltern weitere Untersuchungen der Tochter.

Beratungsgespräch

Während des Beratungsgesprächs zeigte sich Anna aufgeschlossen. Die entspannte Atmosphäre erleichterte es ihr, ihre Denkstrategien beim Rechnen darzulegen. Ihre Vorgehensweise wurde in den unterschiedlichen mathematischen Stoffgebieten durch gezielte Fragestellungen (nach Ginsburg) eingehend untersucht. Im Verlauf des Beratungsgesprächs wurde Anna mit diesen Fragestellungen konfrontiert. Das Beratungsgespräch wurde aufgenommen und als Gesprächsprotokoll festgehalten. Zur Veranschaulichung des Verfahrens wird nachfolgend zu vier wichtigen Fragestellungen jeweils ein Auszug aus dem Gesprächsprotokoll zitiert und die erzielten Ergebnisse beschrieben.

Gezielte Fragestellungen in unterschiedlichen Stoffgebieten helfen, die Denkstrategien zu erkennen.

Fragestellung
Welche fehlerhaften oder ungeeigneten Strategien verwendet Anna?

Ergebnis
Obwohl Anna bereits die 4. Klasse besuchte, benutzte sie beim Kopfrechnen im kleinen Eins-plus-eins über den Zehner immer noch die zeitaufwendige und fehleranfällige Strategie des Zählens.

Protokoll:
Zimmermann: »Wir haben hier eine Dose mit Muggelsteinen. Du nimmst dir vier Steine und ich nehme drei. Wie viele Steine haben wir zusammen?«

Anna: »Sieben.«

Z.: »Stimmt. Nun nimmst du dir neun Steine und ich nehme mir sieben. Wie viele haben wir zusammen?«

A.: hielt die Hände unter dem Tisch und zögerte. »Mhm, 16.«

Z.: »Wie bist du darauf gekommen?«

A.: »Weil ich gerechnet habe ...«

Z.: »Ja, wie hast du gerechnet, womit hast du angefangen?«

A.: »Mit neun.«

Z.: »Und was hast du dann gemacht?«

A.: »Sieben dazugerechnet.«

Z.: »Wie hast du das gemacht?«

A.: »Mit den Fingern.«

Z.: »Aha. Erzähl doch mal, wie. Also neun hast du erst einmal, und nun? Kannst du mir zeigen, wie du das gerechnet hast?«

A.: zählte mit den Fingern über dem Tisch: »Zehn, elf, zwölf, dreizehn, vierzehn, fünfzehn, sechzehn.«

Anna zählte bei dieser Aufgabe über den Zehner, indem sie mit dem kleinen Finger der rechten Hand begann und mit den Fingern der linken Hand weiterzählte.

2. Fragestellung

Welche Vorstellungen hat Anna von der Mathematik?

Ergebnis

Anna hatte die Vorstellung, dass mehrstellige Zahlen wie 321 eine Zusammenstellung von Ziffern sind. Sie konnte die Zahl nicht mit einer Anzahl von Personen in Verbindung bringen.

Protokoll:

Z.: »Da steht die Zahl 321. Nehmen wir an, das sind 321 Personen. Was bedeutet dann diese Zwei hier?« Ich zeigte auf die Ziffer 2 der Zahl 321.

A.: »Ist nur eine ...« (schwieg)

Z.: »Für wie viele Personen steht diese Zwei?«

A.: »Das ist gar keine Person ...«

Z.: »Sondern?«

A.: »Eine Zahl.«

Anna gelang es nicht, die Ziffern der Zahl mit der Anzahl von Personen in Verbindung zu bringen.

Z.: »Ja, wenn diese Zahl 321 Personen bezeichnen soll, dann bedeutet diese Ziffer«, ich zeigte auf die Eins in 321, »hier ei-

ne Person. Aber was bedeutet diese Zwei an dieser Stelle der Zahl 321?«

A.: »Das ist die Mitte ...«

Z.: »Ja, warum hast du sie in die Mitte geschrieben?«

A.: »Vielleicht, weil es eins, zwei, drei geht.«

Trotz des Hinweises auf die Bedeutung der Einerstelle der Zahl gelang es Anna nicht, einen Zusammenhang mit der Personenanzahl herzustellen. Sie hatte auch keine genaue Vorstellung vom Stellenwertsystem unserer Zahlen. Überraschend für mich war auch der vorher von mir nicht beachtete, aber richtige Hinweis auf die Zahlenfolge 1, 2, 3.

3. Fragestellung

Löst Anna ihre Aufgaben mechanisch?

Ergebnis

Anna rechnete die schriftliche Addition und Subtraktion mehrstelliger Zahlen überwiegend mechanisch. Sie hatte keine ausreichende Vorstellung von der Bedeutung des Übertrags. Bei der Subtraktion versuchte sie beispielsweise eine größere von einer kleineren Zahl abzuziehen.

Protokoll

Zimmermann: »Kannst du auch mit großen Zahlen rechnen? Schreib mal 138 – 219 auf. Wie rechnest du das? Sag mir erst einmal, kann man diese Aufgabe überhaupt rechnen?«

Ich gab ihr eine Subtraktionsaufgabe, bei der ich, ohne es zu wollen, die Zahlen vertauschte. Ich fragte aber gleich nach, ob man diese Aufgabe überhaupt rechnen kann. Anna war so auf die großen Zahlen fixiert, dass sie meine Frage nicht beachtete und gleich rechnete.

A.: Schreibt die Zahlen untereinander.

$$\begin{array}{r} 138 \\ -219 \\ \hline \end{array}$$

»Ich rechne nun von 9 bis 18.«

Z.: Und das ergibt?

A.: »Neun.« Anna zählt leise und schreibt 9 als Einer.

Z.: »Ja, das weißt du auch ...«

A.: »Und eins plus eins bis drei ist eins.« Anna schreibt Eins als Zehner.

Sie rechnete nun mechanisch die Einer und Zehner nach der Ergänzungsmethode, wie sie es in der Schule gelernt hatte. Sie begann richtig mit der Einerstelle, indem sie von der 9 zur 18 ergänzte. Dazu musste sie sowohl zur oberen Zahl (zu den 8 Einern) als auch zur unteren Zahl (zu dem einen Zehner) jeweils 10 addieren, wodurch sich das Ergebnis nicht veränderte. Dann ergänzt sie an der Zehnerstelle von 2 (1 + 1) zur 3 und erhielt insgesamt 19.

Z.: »Ja ... und dann?«

A.: »Null kommt da hin.« Anna schreibt unter dem Strich 1019.

Nun wendete sie eine falsche Strategie an, indem sie die Ziffern (1 und 2) vertauschte, anstatt – wie es die Aufgabe verlangte – 1 Hundert minus 2 Hundert zu rechnen, was natürlich nicht ohne Weiteres geht. Deshalb rechnete sie einfach 20 – 10 und schrieb die Differenz 10 vor das bisherige Ergebnis 19.

Z.: »Warum kommt dahin eine Null?«

A.: »Weil das 'ne Tausenderzahl ist.«

Z.: »Dann zeig mir mal die Tausenderzahl.«

A.: Anna zeigte auf die Eins der vierten Stelle. »Da!«

Z.: »Stimmt, das ist ein Tausender. Ich muss dir ein Geheimnis verraten. Diese Aufgabe kann man gar nicht rechnen, weil man nicht eine größere Zahl von einer kleineren abziehen kann.«

Anna versuchte durch das auswendig gelernte Rechnen mit den Ziffern die Subtraktion zu lösen, ohne eine Vorstellung von der Größenordnung der Zahlen zu haben. Deshalb beendete ich die Situation, indem ich ein »Geheimnis« zu lüften vorgab.

4. Fragestellung

Kann Anna eine Verbindung zwischen »formaler« und »informeller« Mathematik herstellen?

Ergebnis

Anna konnte die in der Schule gelernten Ein-mal-eins-Aufgaben auswendig aufsagen, aber nicht in einem Sachzusammenhang anwenden. Sie löste beispielsweise Divisionsaufgaben zweistelliger gerader Zahlen (wie 20 : 4) durch das ihr aus dem Alltag geläufige Halbieren und nicht mithilfe des Ein-mal-eins.

Protokoll

Z.: »Machen wir jetzt noch etwas anderes. Wir teilen. Hier hast du wieder Muggelsteine. Du teilst diese Steine unter uns beiden auf.« Ich gebe ihr acht Steine und frage: »Wie viele hat jeder?« Mit dieser Übung möchte ich Anna einfache Aufgaben handelnd rechnen lassen.

A.: »Vier.«

Z.: »Richtig, nun nimmst du 10 Steine und teilst sie unter uns beiden auf.«

A.: Anna nahm keine Steine, sondern nannte gleich das Ergebnis. »Fünf.«

Z.: »Sehr schön. Jetzt hast du 12 Steine. Wie viele bekommt jeder von uns vieren hier am Tisch? Wie kannst du das rechnen?«

Als ich die Zahl, durch die zu teilen ist, auf 4 erhöhte, half sich Anne wieder mit dem konkreten Material und halbierte die Anzahl der Steine zweimal. Sie legte 12 Steine auf den Tisch und teilte sie auf uns auf.

Z.: »Wie hast du das gerechnet?«

A.: »Zwei mal drei ist sechs.«

Z.: »Wir sind aber hier vier.«

A.: »Ja, aber noch zweimal.«

Z.: »Das stimmt. Nehmen wir an, wir haben 20 Steine und jetzt teilst du die auf vier auf, wie machst du das?«

A.: »Jeder drei.«

Z.: »Wie rechnest du das?«

Meine Frage veranlasste Anna, ihr spontan genanntes Ergebnis zu überprüfen.

A.: »Es kriegt jeder fünf.«

Z.: »Richtig, wie hast du das gerechnet?«

A.: »Einfach die 20 durchteilen und dann die Fünf, die Zehn, die zwei Zehner.«

Z.: »Hast du erst die Zehn aufgeteilt oder was hast du zuerst gemacht?«, fragte ich nochmals nach.

A.: »Die 20 durchgeteilt und dann die Zehn.«

Z.: »Das ist klug. Du hast also erst die 20 geteilt, da hast du 10 bekommen, und dann hast du die 10 nochmals geteilt und hast fünf erhalten, richtig?«

A.: »Ja.«

Anna hatte die Division nicht mithilfe der »formalen« Mathematik, also der Umkehrung des Ein-mal-eins gelöst, sondern mit der ihr vertrauten Halbierungsmethode (informelle Mathematik). Sie konnte beide Methoden nicht miteinander verbinden.

Folgerungen

Das Ziel der Beratung wurde in dem ca. 1½-stündigen Gespräch erreicht. Sowohl die Eltern als auch das Kind hatten wichtige Informationen über den aktuellen Lernstand erhalten und die bestehenden Schwierigkeiten im Rechnen aufgezeigt bekommen. Zur Verringerung der Rechenschwierigkeiten und zur Verbesserung des Selbstwertgefühls wurde den Eltern abschließend eine außerschulische Förderung für ihre Tochter empfohlen.

Baustein 2

Um die mathematische Kompetenz eines Kindes zu fördern, ist die Anwendung des von Heckhausen entwickelten Prinzips der Passung sehr geeignet. Danach soll eine Aufgabe nur so schwierig sein, dass sie den momentanen Kenntnisstand des Kindes nur um ein Geringes übersteigt. Anders ausgedrückt, die Aufgabenanforderung und die Fähigkeit des Kindes müssen »passen«. So wird erreicht, dass für ein Kind Erfolg oder Misserfolg beim Lösen der Aufgabe gleich wahrscheinlich werden, das Kind also nicht über- und auch nicht unterfordert wird. Nach diesem Prinzip ist es nicht sinnvoll, mit einem Kind Divisionsaufgaben zu üben, wenn ihm die Multiplikation mit ihren unterschiedlichen Aspekten noch nicht ausreichend vertraut ist.

Wichtig bei einer Förderung ist die Anwendung des »Prinzips der Passung«.

Ausgehend von der richtigen Passung an den Lernstand des Kindes kann dann die mathematische Kompetenz schrittweise – d.h. unter Berücksichtigung der hierarchischen Struktur der Mathematik (von einfachen zu komplexen Zusammenhängen) – aufgebaut werden. Dabei sind je nach Lernstand die ab Seite 59 beschriebenen mathematischen Themen zu behandeln. Dazu gehören das Erkennen der verschiedenen Zahlaspekte, die Behandlung der Rechenoperationen im Zahlenraum bis 10 und später bis 100, das Erlernen des kleinen Eins-plus-eins und des Ein-mal-eins, das Erarbeiten der unterschiedlichen Aspekte der

Multiplikation und Division, das Verstehen des Gleichheitszeichens und das Üben des halbschriftlichen und anschließend des
schriftlichen Rechnens.

Baustein 3

Als Gründe für eine Beratung nennen Eltern neben den Problemen mit dem Fach Mathematik auch Veränderungen im Sozialverhalten ihres Kindes, wie aggressives oder ängstliches Verhalten, Hilflosigkeit beim Erledigen von Hausaufgaben, Unruhe
und mangelndes Selbstbewusstsein. Mehr als die Hälfte der Eltern geben mangelnde Konzentrationsfähigkeit ihres Kindes als
Hauptgrund für den Beratungsbedarf an. Nach allgemeiner Erfahrung hat ein Kind in der Regel gewichtige Gründe, wenn es
in der Schule versagt. Dies sind manchmal auch ungelöste innere
Konflikte, die nichts mit dem Lernen in der Schule zu tun haben.
Dazu gehören beispielsweise Probleme innerhalb der Familie,
negative Erlebnisse mit Mitschülern oder Lehrern. Diese indivi-

**Eltern geben häufig
mangelnde Konzen-
trationsfähigkeit ihres
Kindes als Grund für
eine Beratung an.**

duell unterschiedlichen Gründe herauszufinden und Lösungswege zu finden ist eine wichtige Aufgabe einer Therapie.

Der geschützte Raum der Therapie gibt dem Kind die Chance, sich von Belastungen zu lösen und im Gespräch und Spiel neue Wege und Sicherheit zu erwerben.

Baustein 4

In einer Therapie soll das Kind lernen, seine bisherigen negativen Erfahrungen mit dem Lernen durch positive zu ersetzen. Hilfreich hierfür ist eine ausgewogene Balance zwischen Lernen, Gespräch, Spiel und Entspannung. Jede Therapiestunde sollte eine bestimmte Struktur haben, die entsprechend an das aktuelle Bedürfnis des Kindes angepasst wird.

Bei einer außerschulischen Förderung ist eine ausgewogene Balance zwischen Lernen, Gespräch, Spiel und Entspannung wichtig.

Zu den Elementen dieser Struktur gehören:

Das Gespräch über die wichtigsten Ereignisse seit der letzten Therapiestunde, das Abreagieren von Stress am Boxsack oder mit dem Springseil, Entspannungs- und Lockerungsübungen, verteilt über eine Therapiestunde.

Die Behandlung der mathematischen Themen, die dem Entwicklungsstand des Kindes entsprechen, in zeitlich begrenzten Abschnitten, in denen das Kind gefordert, aber nicht überfordert wird. Zur Förderung der Lernmotivation eignet sich das Belohnen der richtigen Lösungen und Lösungswege durch Punkte. Bei Erreichen einer bestimmten Punktezahl darf sich das Kind eine kleine Belohnung aussuchen.

Das Automatisieren, das heißt Festigen, Wiederholen und Üben des bereits »begriffenen« mathematischen Stoffs, damit das Gelernte nicht wieder vergessen wird.

Das Nacherzählen kurzer Texte, die sich das Kind ausgesucht und gelesen hat. Auf diese Weise wird das Textverständnis gefördert, das vor allem beim Lösen von Sachaufgaben erforderlich ist.

Das gemeinsame Spiel bei freier Auswahl von Brett-, Computer- und freien Spielen, in denen nebenbei auch rechnerische Fragestellungen enthalten sind. Dabei kann das Kind seine Fähigkeiten ausprobieren und entfalten, Erfolge erzielen und positive Erfahrungen sammeln.

Baustein 5

In den regelmäßig stattfindenden Gesprächen werden die Eltern über den Umgang mit den Rechenschwierigkeiten ihres Kindes (Belohnung, Ermutigung, Unterstützung in der Schule, Beschäftigung zu Hause) aufgeklärt und beraten, die aktuelle Lernsituation des Kindes in der Schule und Therapie besprochen und sich über die Veränderungen im schulischen und familiären Bereich ausgetauscht.

Da zur Festigung des in der Therapie behandelten Lernstoffs wiederholendes häusliches Üben wichtig ist, wird dies den Eltern eingehend erläutert. Sinnvoll ist auch der Kontakt zur Schule nach Rücksprache mit den Eltern. Ein mit der Lehrkraft abgestimmtes Vorgehen im Mathematikunterricht ist für das Kind sehr hilfreich, aber leider nicht in jedem Fall erreichbar.

Mit regelmäßigen häuslichen Übungen wird das Gelernte gefestigt.

Baustein 6

Ohne Anschauungsmittel beziehungsweise Arbeitsmaterialien kann keine Förderung auskommen. Konkretes Anschauungsmaterial ist wichtig, damit ein Kind, vor allem im Anfangsstadium, durch eigene Handlungen die mathematischen Zusammenhänge »begreifen« kann. Hierzu gehören beispielsweise die bereits vorgestellten Muggelsteine, Zahlenplättchen sowie Geldmünzen und Scheine, aber auch Maßbänder und Lineale, Messbecher und Gewichte für die Maßeinheiten (wie Meter, Liter, Kilogramm).

Im folgenden Kapitel werden die Übungsmaterialien für das Zahlenrechnen beschrieben, die in den Therapien eingesetzt werden und sich zum Arbeiten mit RS-Kindern besonders eignen.

Interessante Kinderbücher und Spiele sowie Computerprogramme gehören auch zu den Materialien, die bei Kindern mit RS zusätzlich eingesetzt werden. Wichtig ist hierbei, dass sie das Interesse des Kindes wecken und ihm Freude machen. Leider sind nicht alle Spielanleitungen so geschrieben, dass sie vom Kind allein verstanden werden können.

Neben Handlungen mit Anschauungsmaterial helfen bei einer Förderung auch geeignete Kinderbücher, Spielmaterialien und Computerprogramme.

Die Bücher müssen dem jeweiligen Entwicklungsstand des Kindes angepasst sein und vom Inhalt und von der Gestaltung her zum Lesen motivieren.

Bei der Auswahl der Spiele (Würfelspiele, Aktions- und Reaktionsspiele, Rechenspiele, Denkspiele) wird darauf geachtet, dass sie für zwei Spieler geeignet sind und unterschiedliche Schwierigkeitsgrade haben. Sie sollen z.B. durch Vereinfachung der Spielregeln dem Kind das Gewinnen ermöglichen. Erfolgserlebnisse können Kinder beim Spielen nur dann haben, wenn es ihnen ermöglicht wird, zu gewinnen. Deshalb ist es für Kinder mit RS, die in der Regel unter ihren Misserfolgen leiden, besonders wichtig, beim Spielen Spaß zu haben und nicht zu verlieren. Hierauf wird deshalb auch im Rahmen des FIT-Konzepts besonders geachtet.

Computerspiele eignen sich dann, wenn sie das Interesse des Kindes wecken und mit ihrer Hilfe bereits begriffene Rechenoperationen wiederholt und damit gefestigt werden können.

Wie sieht eine kompetente Förderung durch Eltern aus?

> **Als Eltern müssen Sie darauf achten, dass im Zentrum der Arbeit die Förderung der mathematischen Kompetenz Ihres Kindes steht. Wenig hilfreich sind Wahrnehmungsübungen, die nicht oder nur zum Teil mit mathematischen Fragestellungen verbunden werden.**

Eine Förderung sollte das Erreichen der Lernziele der Jahrgangsstufe im Mathematikunterricht sowie die Stabilisierung des Selbstwertgefühls und die Verbesserung der sozialen Beziehungen des Kindes zum Ziel haben.

Um negative Erfahrungen mit dem Lernen durch positive ersetzen zu können, sollten Sie Wert darauf legen, dass in einer Förderung eine ausgewogene Balance zwischen Lernen, Gespräch, Spiel und Entspannung stattfindet.

Bestehen Sie darauf, dass regelmäßig Gespräche zwischen Ihnen als Eltern und dem Therapeuten stattfinden, in denen ein Austausch über die aktuelle Lernsituation und die Entwicklung Ihres Kindes erfolgt.

Das in der Förderung bereits Erarbeitete sollte durch häusliche Übungen gefestigt werden, damit es dem Kind in der schulischen Situation zur Verfügung steht. So kann das Elternhaus zusätzlich zur Verbesserung der mathematischen Kompetenz des Kindes beitragen.

Welche Übungs- materialien eignen sich für Kinder mit RS?

Ein häufiger Grund für Rechenprobleme: Das Rechnen mit Symbolen in Form von Zahlen und Rechenzeichen wird in der Schule zu früh eingeführt und es wird zu wenig mit Übungs- materialien gearbeitet.

Dabei ist bekannt, dass sich das Denken nicht nur auf der Ebene der symbolischen Darstellungen vollzieht, sondern auch auf den Ebenen, die von Handlungen und Bildern bestimmt werden. Vor allem für Kinder im Grundschulalter sind diese Ebenen des Denkens besonders wichtig. **Auch ohne dieses pädagogische Wissen sprechen alle Erfahrungen für das Lernen mit allen Sinnen wie Sehen, Hören und Fühlen.** Sicher haben Sie schon von Ratschlägen zum Lernen mit Kopf, Herz und Hand gehört, das daran anknüpft.

Es war vor allem J. Piaget, der die Denkentwicklung von Kindern im mathematischen Bereich intensiv untersuchte. Nach seinen Feststellungen vollzieht sich das Denken der Kinder in Abhängigkeit vom Alter auf drei unterschiedlichen Stufen. Dabei ist die Denkentwicklung auf der untersten Stufe an das Handeln mit konkretem Material gebunden. Das Handeln bildet danach die Grundlage für die Verinnerlichung, also für den verständnisvollen Umgang mit Rechenoperationen. Piaget lenkte damit den Blick auf die Bedeutung des Übens mit Anschauungsmaterialien für das Lernen. J. Bruner entwickelte Piagets Ansätze weiter. Er fand heraus, dass die Denkentwicklung unabhängig vom Alter gleichzeitig auf den folgenden drei Darstellungsebenen verläuft, die in Wechselbeziehung zueinander stehen:

Die Denkentwicklung vollzieht sich auf drei Darstellungsebenen, die in Wechselbeziehung zueinander stehen.

1. Darstellungsebene: die Ebene des Erfassens von Zusammenhängen durch eigene Handlungen mit konkretem Material (z. B. Hantieren mit Muggelsteinen).

2. Darstellungsebene: die Ebene des Erfassens von Zusammenhängen durch Bilder oder Zeichnungen (z. B. gezeichnete Punktmengen).

3. Darstellungsebene: die Ebene des Erfassens von Zusammenhängen durch Ziffern und Rechenzeichen (z. B. Gleichungen).

Die Berücksichtigung aller drei Ebenen ist beim Üben wichtig, aber nicht immer muss das Lernen mit konkretem Handeln beginnen. Die Verwendung von Übungsmaterialien sollte kein Selbstzweck sein und ist nur dann sinnvoll, wenn sie dem Kind das Verständnis für mathematische Zusammenhänge erleichtert.

Deshalb sind vor allem bei jüngeren Kindern im Anfangsunterricht und bei Kindern mit RS Handlungen, die zunächst konkret und dann in der Vorstellung ausgeführt werden, von zentraler Bedeutung für das Lernen. Das Kind soll innere Vorstellungsbilder in seinem Kopf aufbauen, diese mit seinem Wissen verbinden und der zu lösenden Aufgabe anpassen. Handeln mit Material sowie entsprechende zeichnerische Darstellungen können so zu Vorstellungsbildern für Rechenaufgaben wie Additionen und Subtraktionen führen. Ein bloßes Anschauen (z. B. eines Bildes im Rechenbuch) reicht bei diesen Kindern nicht, um einen Rechenvorgang in der Vorstellung nachvollziehen zu können und zu verstehen. Das Handeln mit konkretem Übungsmaterial oder das Zeichnen von Bildern, die den Rechenvorgang repräsentieren, ist hier unerlässlich.

Die erste Ebene mit konkreten Handlungen und die zweite Ebene mit zeichnerischen Darstellungen helfen, gedankliche Vorstellungsbilder zu entwickeln.

Es ist für Sie beim Arbeiten mit Ihrem Kind wichtig, dass diese konkreten Darstellungen des Rechenvorganges nicht von Ihnen, sondern von Ihrem Kind selbst ausgeführt werden.

Beim Hantieren mit Material vollzieht sich das Lernen der Kinder durchaus unterschiedlich und ist abhängig von der individuellen Vorerfahrung im Umgang mit Material. Zudem können nicht alle Kinder mit einem Material gleich gut arbeiten. Einige Kinder entwickeln im Laufe der Zeit Vorlieben für bestimmte Materialien. Hat Ihr Kind eine solche Vorliebe für ein Material, so sollten Sie es verwenden. Sie müssen jedoch darauf achten, dass das Material auf die Aufgabenstellung abgestimmt ist, wie es im Folgenden beschrieben wird. Nach meiner Erfahrung ist es nicht hilfreich, das Material häufig zu wechseln. Um Ihnen die Auswahl an geeigneten Materialien zu erleichtern, werden zusätzlich zu den bereits dargestellten nun noch einige besonders geeignete Übungsmaterialien vorgestellt. Hierbei wird gleichzeitig angegeben, welche Aufgaben damit am sinnvollsten geübt werden können.

Von dem riesigen, unüberschaubaren Angebot an Übungs- und Lernmaterialien sollten Sie sich nicht beeindrucken lassen. Entscheidend für den Lernerfolg ist weniger eine Vielzahl aufwendig gestalteter Materialien als vielmehr der richtige, verständnisvolle Umgang mit ihnen. Mit weniger erreicht man oft mehr. Kein Übungsmaterial ermöglicht allein »spielerisches Lernen«, auch wenn es immer wieder behauptet wird.

Die in den folgenden Abschnitten beschriebenen Materialien können Sie – sofern Sie sie nicht selbst herstellen – entweder in der Schule Ihres Kindes ausleihen, im Handel erwerben oder in einem Lernmittelverlag – meist über das Internet – bestellen.

Rechnen im Zahlenraum bis zehn

Ein einfaches und am Anfang geeignetes Anschauungsmittel sind unsere **zehn Finger.**

Alle Kinder – sicher auch Ihr Kind – rechnen oder rechneten zunächst mehr oder weniger lange mit ihnen. Wie bereits beschrieben, verwenden die Kinder dabei verschiedene Vorgehensweisen (Strategien), die zu unterschiedlichen Fehlern führen können und sehr zeitaufwendig sind. Zählen mit den Fingern sollte deshalb nur in der Zeit des Schulbeginns unterstützt werden, da viele Kinder bereits vor der Schulzeit so rechnen. Schon bei größeren Zahlen zeigt sich aber sehr schnell die Unzulänglichkeit dieses Vorgehens. Durch das zählende Rechnen kann auch keine Einsicht in die Rechengesetze entwickelt werden. Bereits zu Beginn des Arbeitens mit Ihrem Kind ist es deshalb hilfreich, wenn Sie ihm die bereits beschriebenen **Muggelsteine** zum Erkennen der Zusammenhänge zur Verfügung stellen.

Rechnen im Zahlenraum bis zwanzig

Neben die Muggelsteine gehört zweifelsohne die **Rechenkette**. Bei einfachen Aufgaben wie 8 + 5, 13 – 5 gehört sie zu den geeigneten Übungsmaterialien. Sie besteht aus 20 Holzperlen auf einem Faden, jeweils 5 Perlen sind in einer Farbe zusammengefasst. Die Fünferstruktur erleichtert dem Kind, sich die Zahlen und damit auch die Operationen im Kopf vorzustellen und damit zu Vorstellungsbildern zu gelangen. Leider wird im schulischen Anfangsunterricht oft nicht lange genug im Raum bis 20 mit Materialien gerechnet.

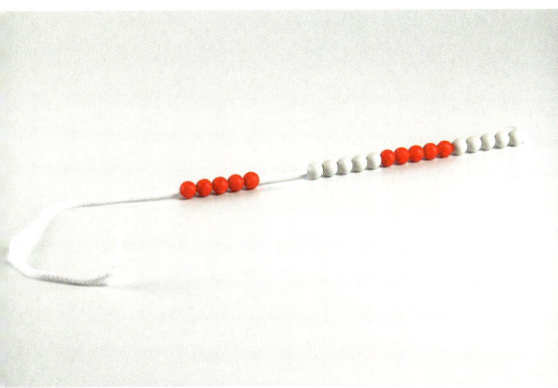

Vor allem das Rechnen im Anfangsunterricht muss durch konkretes Material unterstützt werden.

Rechenkette

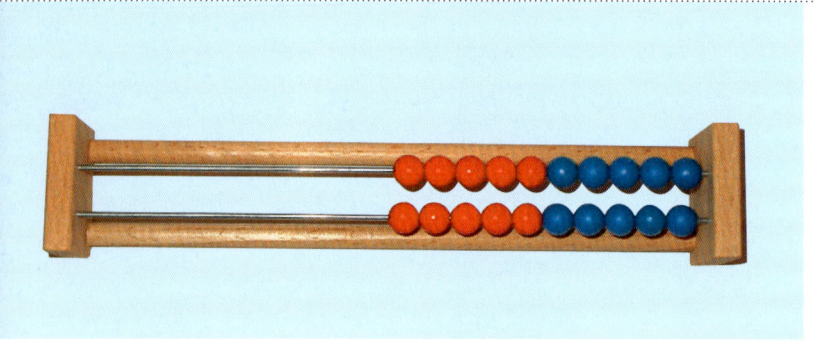

Rechenrahmen

Wenn Sie mit Ihrem Kind üben, sollten Sie mit einfachen Aufgaben bis 6 beginnen (3 + 2, 5 – 3), die häufig bereits ohne zu zählen gleichzeitig auf einen Blick (simultan) erfasst werden können. Dann werden die Aufgaben schrittweise erweitert, indem immer mehr Perlen bis 20 hinzugenommen werden. Ihr Kind kann auf diese Weise mit der Rechenkette – oder am Zwanzigerfeld mit Muggelsteinen – alle Aufgaben des kleinen Eins-plus-eins darstellen. Vorteile der Rechenkette gegenüber den Muggelsteinen sind der Zusammenhalt der Perlen und ihr leichter Transport. Eingeschränkt ist allerdings die Beweglichkeit der einzelnen Teile. Damit erlauben die Muggelsteine mehr Lösungsvarianten und können ohne Weiteres schrittweise auf größere Mengen erweitert werden. Eine Rechenkette mit 100 Perlen wird nämlich leicht unübersichtlich. Die Entscheidung für das eine oder andere Material kann dem Kind überlassen werden. Das Gleiche gilt für den **Rechenrahmen.**

Er besteht aus jeweils 10 beweglichen Kugeln auf zwei im Rahmen befestigte Stangen. Gegenüber der Rechenkette hat er den Vorteil, dass Ihr Kind beim Rechnen beide Hände zum Bewegen der Teile frei hat. Hier wird – wie beim vorangegangenen Material – durch eine Fünfereinteilung der farbigen Kugeln das Vermeiden des Zählens jeder einzelnen Kugel unterstützt. Die Erweiterung auf 100 Kugeln führt zur Anschauung des nächsten Zahlenraums.

Rechnen im Zahlenraum bis hundert

Neben den Muggelsteinen eignet sich die Erweiterung des Rechenrahmens zur **(russischen) Rechenmaschine,** die aus 100 Kugeln mit jeweils zweimal 5 farbigen, beweglichen Kugeln auf einer Stange besteht.

Sie ist insbesondere für Aufgaben zum Verdoppeln (z. B. 2 · 32) und Halbieren (z. B. 64 : 2) zweistelliger Zahlen geeignet. Sie eignet sich auch gut zur schrittweisen Erweiterung des Zahlenraums durch Addition und Subtraktion zweistelliger und einstelliger Zahlen wie 43 + 6, 67 – 5 (ohne Zehnerübergang) und 47 + 6, 54 – 8 (mit Zehnerübergang).

Russische Rechenmaschine

Ein besonders gut geeignetes Übungsmaterial, um die Zehnerbündelung und das Stellenwertsystem mit einer Stellentafel zu veranschaulichen und Rechenaufgaben wie 36 + 45, 76 – 48 darzustellen, sind die **Dienes-Blöcke.** Sie bestehen aus kleinen Holz- oder Plastikwürfeln. Diese gibt es sowohl als einzelne Würfel als auch zusammengefasst zu Zehnerstangen. Diese wiederum

Die Handlungen mit Dienes-Material erleichtern besonders anschaulich das Verständnis des Stellenwertsystems bei mehrstelligen Zahlen.

Dienes-Blöcke

gibt es zusammengefasst zu Hunderterplatten. In der Erweiterung sind auch Tausenderblöcke erhältlich, die jeweils aus zehn zusammengefassten Hunderterplatten bestehen. Mit diesem Material können die Stellenwerte der Zahlen und Operationen sehr übersichtlich aus den einzelnen Teilen zusammengestellt werden. Die Dienes-Blöcke eignen sich außerdem sehr gut für eine grafische Darstellung, indem die Würfel durch Punkte, die Zehnerstangen durch kleine Striche und die Hunderterplatten durch kleine Vierecke repräsentiert werden. So kann beispielsweise die Zahl 143 in einer Stellentafel wie folgt grafisch dargestellt werden:

H	Z	E
■	IIII	• • •

Das Hantieren mit den Dienes-Blöcken oder das Zeichnen der entsprechenden Symbole unterstützt nicht nur das Verständnis des Bündelungsprinzips und des Stellenwertsystems, sondern es eignet sich auch gut für die Behandlung der Rechenoperationen im Zahlenraum bis 100.

Ein besonderer Vorteil dieses Materials ist auch die einfache Handhabbarkeit. Es gibt kein anderes Material, das gleichzeitig eine so gute Übertragbarkeit in zeichnerische Symbole besitzt.

Als Ergänzung gibt es bei den Dienes-Blöcken auch Fünferstangen aus 5 zusammengefassten Würfeln, die es erleichtern, die Größe des jeweiligen Teils ohne zählen zu erkennen.

Ein in der Schule häufig anzutreffendes und für einige Aufgaben auch geeignetes Anschauungsmittel ist die **Hundertertafel.**

1	2	3	4	5	6	7	8	9	10
11	12	13	14	15	16	17	18	19	20
21	22	23	24	25	26	27	28	29	30
31	32	33	34	35	36	37	38	39	40
41	42	43	44	45	46	47	48	49	50
51	52	53	54	55	56	57	58	59	60
61	62	63	64	65	66	67	68	69	70
71	72	73	74	75	76	77	78	79	80
81	82	83	84	85	86	87	88	89	90
91	92	93	94	95	96	97	98	99	100

Hundertertafel

Sie besteht aus hundert Feldern, die jeweils in Zehnerreihen (links beginnend) geordnet sind. In ihnen sind alle Zahlen bis hundert fortlaufend eingetragen. So eine Tafel ist leicht herzustellen und bietet einen guten Überblick über die Reihenfolge und den systematischen Aufbau der Zahlen bis 100. Ihr Kind kann mit ihr beispielsweise zu jeder Zahl die Vorgänger- und Nachfolgerzahl leicht erkennen und einen Überblick über die geraden Zahlen (durch zwei teilbaren) und ungeraden Zahlen (nicht durch zwei teilbaren) gewinnen. Weniger gut geeignet ist die Hundertertafel allerdings zur Darstellung von Rechenoperationen nach dem halbschriftlichen Verfahren.

Bei unzureichender Vorstellung der Zahlenstruktur kann die Hundertertafel dazu verleiten, (z. B. bei einer Addition wie 36 + 43) rein mechanisch vorzugehen. Dabei wird, ausgehend von dem Feld mit der Zahl 36, nach einem auswendig gelernten Schema vier Felder nach unten und dann drei Felder nach rechts gegangen und die Zahl im so erreichten Feld als Ergebnis genannt.

Diese Vorgehensweise kann deshalb den Weg zum verständnisvollen Umgang mit den Rechenaufgaben verstellen, obwohl sie zum richtigen Ergebnis führt.

Rechnen im Zahlenraum bis tausend

Zur anschaulichen Erarbeitung des Tausenderraums eignet sich neben den Dienes-Blöcken, die ein konkretes Handeln ermöglichen, für die bildliche Anschauung der Zahlen und Rechenoperationen das **Tausenderbuch** sehr gut.

Es besteht aus 10 cm × 10 cm großen, zusammenhängenden Hundertertafeln, die zu einem kleinen Buch gefaltet werden. Auf den 10 Vorderseiten des Buches sind die Zahlen bis 1000 systematisch angegeben, jeweils Hundert auf einer Seite. Auf den Rückseiten finden sich 1000 Punkte (Tausenderfeld) in Form von 10 Hunderterfeldern, abwechselnd aus roten und blauen Punkten.

Einige Materialien sind für die Darstellung der Zahlenstruktur und Zahlenzerlegung auch bei großen Zahlen geeignet.

Dieses Tausenderbuch empfiehlt sich z. B. bei der Behandlung von Zerlegungsübungen größerer Zahlen (456 in 4 Hunderter, 5 Zehner und 6 Einer), der Addition und Subtraktion von Einern (156 + 6), von Zehnern (136 + 28) und von Hundertern (154 + 120), dem Ergänzen bis zum nächsten Zehner (238 bis zu 240), bis zum nächsten Hunderter (467 bis zu 500) und bis zum Tausender (568 bis 1000), dem Aufbau von Multiplikationsreihen mit Zehnerzahlen (1 · 90, 2 · 90, …) und mit gemischten Zahlen (3 · 28, 6 · 32, …).

Tausenderbuch

Vorteile dieses von Wittmann und Müller entwickelten Materials sind die Verbindung zwischen den symbolischen Zahlenangaben und den dazugehörigen Punktmengen in übersichtlicher Form und die praktische Handhabbarkeit.

Die Zahl 234, mit Ziffern-blättchen gelegt

Für das Üben mit der Stellentafel dreistelliger Zahlen eignen sich auch **Ziffernplättchen.**

Sie bestehen aus ca. 2 cm × 2 cm großen, farbigen Holzplättchen mit den Ziffern 1, 10, 100 und 1000. Sie können leicht in Stellentafeln gelegt werden. So kann z. B. die Zahl 234 wie oben rechts eingetragen werden oder umgekehrt aus dieser Abbildung die Zahl abgelesen werden. Das Material eignet sich auch gut zum Addieren und Subtrahieren mit großen Zahlen in einer Stellentafel. Vorteile der Ziffernplättchen sind ihre Flexibilität, ihre leichte Handhabbarkeit und die Möglichkeit, sie selbst aus festem Papier oder Pappe in größerer Anzahl einfach herzustellen.

Rechnen im Zahlenraum über tausend

Je größer die Zahlen werden, desto schwieriger ist die Darstellung durch Anschauungsmaterial. Dennoch ist es auch bei großen Zahlen hilfreich, Materialien zu verwenden, die zumindest die Prinzipien des Bündelns und der Stellenwerte auch bei Zahlen über 1000 verdeutlichen. Allerdings ist es aus praktischen Gründen meist nicht möglich, die Zahlen bis eine Million mit konkretem Material darzustellen. Hilfreich ist jedoch die zeichnerische Darstellung der Zahlen mit Dienes-Blöcken, die in Form eines Millionenblocks zusammengefügt werden können.

Mithilfe solch einer bildlichen Darstellung (z. B. des Spektra-Millionenwürfels) kann der Aufbau der Zahlen bis eine Million gut verdeutlicht werden. Beginnend mit einem Einerblöckchen, werden jeweils durch Zehnerbündelungen die Zahlen bis zum Tausenderblock dargestellt (zehn Einer zu einem Zehner, zehn Zehner zu einem Hunderter, zehn Hunderter zu einem Tausender). Danach wird wieder mit Zehnerbündelungen zusammengefasst (zehn Tausenderblöcke zu einem Hunderttausenderblock und schließlich zehn Hunderttausenderblöcke zu einer Million).

Empfehlenswert ist dabei, zu jeder einzelnen bildlichen Darstellung die zugehörige Zahl mit der richtigen Anzahl von Nullen aufzuschreiben. Dabei kann Ihr Kind erkennen, dass jeweils eine Zehnerbündelung dazu führt, dass eine Null »drangehängt« wird.

Das Rechnen mit großen Zahlen wird erleichtert, wenn sie jeweils in eine entsprechend erweiterte Stellentafel eingetragen wird, z. B. 560.792 – 315.407.

Bei vierstelligen und größeren Zahlen muss an die Stelle des konkreten Materials immer mehr die zeichnerische Darstellung treten.

HT	ZT	T	H	Z	E
5	6	0.	7	9	2
− 3	1 $_1$	5.	4	0 $_1$	7
2	4	5.	3	8	5

Hilfreich bei der Strukturierung und Sprechweise großer Zahlen
ist es, jeweils nach drei Stellen einen kleinen Punkt zu setzen
(560.792).

Hilfreich zur Darstellung großer Zahlen sind natürlich auch Zah-
lenstrahle, die durch entsprechend große Einteilungen der einzelnen Abschnitte auch sehr große Zahlen darstellen können. So
können Sie die Zahl 10.000 durch 10 Abschnitte zu 1.000, die
Zahl 100.000 durch 10 Abschnitte zu 10.000 und die Zahl eine
Million durch 10 Abschnitte zu 100.000 sehr einfach zeichnerisch darstellen.

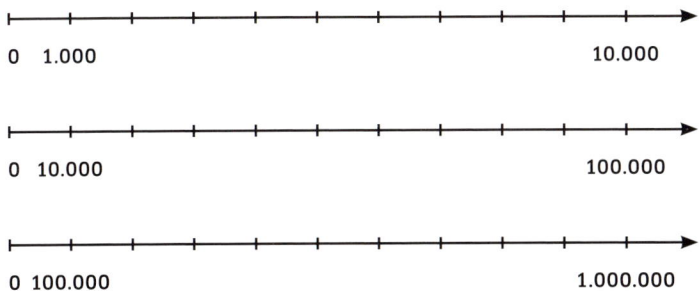

Mit derartigen Zahlenstrahlen kann man natürlich auch Rechenoperationen darstellen, die allerdings nicht mehr sehr übersichtlich sind. Deshalb ist es so wichtig, die Rechenoperationen und
Rechenregeln bereits im Zahlenraum bis 1000 so gründlich zu
behandeln, dass die Erweiterung des Zahlenraums ohne konkrete Darstellungen durch Analogieschlüsse und zeichnerische Darstellungen möglich wird.

Literaturverzeichnis

> **Ayres, A. J.:** Bausteine der kindlichen Entwicklung. Die Bausteine der Integration der Sinne für die Entwicklung des Kindes. Heidelberg (Springer) 2002.

> **Born, A.; Oehler, C.:** Kinder mit Rechenschwäche erfolgreich fördern: Ein Praxisbuch für Lehrer, Eltern und Therapeuten. Stuttgart (Kohlhammer) 2009.

> **Bos, W., u. a. (Hrsg.):** Erste Ergebnisse aus IGLU: Schülerleistungen am Ender der vierten Jahrgangsstufe im internationalen Vergleich. Münster (Waxmann) 2003.

> **Bos, W., u. a. (Hrsg.):** TIMSS 2007: Mathematische und naturwissenschaftliche Kompetenzen von Grundschulkindern. In: Deutschland im internationalen Vergleich. Münster (Waxmann) 2008.

> **Bruner, J.:** Entwurf einer Unterrichtstheorie. Berlin (Cornelsen) 1994.

> **Dehaene, S.:** Der Zahlensinn oder Warum wir rechnen können. Heidelberg (Birkhäuser) 1999.

> **Floer, J.:** Mathematik-Werkstatt. Lernmaterialien zum Rechnen und Entdecken für Klasse 1–4. Weinheim und Basel (Beltz) 1996.

> **Fritz, A.; Ricken, G.; Schmidt, S.:** Rechenschwäche. Weinheim und Basel (Beltz) 2003.

> **Gerster, H.-G.:** Vom Fingerrechnen zum Kopfrechnen. Methodische Schritte des zählenden Rechnens. In: Eberle; Kornmann: Lernschwierigkeiten und Vermittlungsprobleme im Mathematikunterricht an Grund- und Sonderschulen. Weinheim und Basel (Beltz) 1996.

> **Gerster, G. und H.-G.:** Lernkartei Grundlagen des Rechnens. Teil 1 und Teil 2. Stuttgart (Klett) 1994.

> **Ginsburg, H.-P.:** Mathematics Learning Disabilities. 1997.

> **Heckhausen, H.:** Förderung der Lernmotivation und der intellektuellen Tüchtigkeit. In: Roth, H.: Begabung und Lernen. Ergebnisse und Folgerungen neuer Forschung. Stuttgart (Klett) 1995.

> **Helmke, A.:** Individuelle Bedingungsfaktoren der Schulleistung: Ergebnisse aus dem Scholastik-Projekt 1997.

> **Hessisches Kultusministerium:** Rahmenplan Grundschule 1995.

> **Kultusministerkonferenz:** Beschluss vom 15.11.2007: Grundsätze zur Förderung von Schülerinnen und Schülern mit besonderen Schwierigkeiten im Lesen und Rechtschreiben oder im Rechnen, Beschluss vom 15.10.2004: Bildungsstandards: Im Fach Mathematik für den Primarbereich.

> **Naegele, I.:** Schulschwierigkeiten in Lesen, Rechtschreibung und Rechnen. Weinheim und Basel (Beltz) 2001.

> **Naegele I.; Valtin, R. (Hrsg):** LRS – Legasthenie in den Klassen 1–10: Schulische Förderung und außerschulische Therapien. Handbuch der Lese-Rechtschreib-Schwierigkeiten: Bd. 2. Weinheim und Basel (Beltz) 2001.

> **Piaget, J.; Inhelder, B.:** Die Psychologie des Kindes. München (dtv) 1993.

> **Röhrig, R.:** Mathematik mangelhaft. Fehler entdecken, Ursachen erkennen, Lösungen finden. Arithmasthenie/ Dyskalkulie: Neue Wege beim Lernen. Reinbek (Rowohlt) 1996.

> **Titze, I.; Tewes, U.:** Messung der Intelligenz bei Kindern mit HAWIK-R. Bern (Huber) 2000.

> **Velden, M.:** Biologismus – Folge einer Illusion. Göttingen (V&R Unipress) 2005.

> **Weißhaupt, S., et al.:** Diagnose mathematischen Vorwissens im Vorschulalter und Vorhersage von Rechenleistungen und Rechenschwierigkeiten in der Grundschule. 2006.

> **Wehrmann, M.:** Qualitative Diagnostik von Rechenschwierigkeiten. Berlin (Köster) 2003.

> **Westerhoff, N.:** Neurodidaktik auf dem Prüfstand. In: Magazin Gehirn & Geist 12/2008.

> **Wittmann, E.; Müller, G.:** Handbuch produktiver Rechenübungen, Bd. 1 und 2. Stuttgart (Klett) 2004.

> **Wittmann, E.; Müller, G.:** Mein Tausenderbuch. Stuttgart (Klett) 2001.

> **Zimmermann, K. R.:** Begründung und Dokumentation eines für Kinder mit Rechenschwierigkeiten entwickelten integrativen Förderkonzepts. Berlin (Köster) 2005.

Impressum

Herausgeber
Bernhard Schön

Lektorat
Dominik Jäckel

Umschlagskonzept und -gestaltung; Innenlayout
Büro Hamburg, Anja Grimm

Satz und Herstellung
Nancy Püschel

Druck und Bindung
Beltz Druckpartner, Hemsbach

2. durchgesehene Auflage 2011
ISBN 978-3-407-22503-0

Dank
Herzlich bedanke ich mich bei meiner Frau Ingrid, die mich durch intensive inhaltliche Diskussionen und Hilfe bei der Erstellung des Manuskripts sehr unterstützt hat. Mein Dank gilt auch den Eltern und Kindern für das Vertrauen, das sie mir bei den Beratungen und Therapien entgegengebracht haben.

Dank des Verlags
Wir möchten uns ganz herzlich bei den Betreibern der Webseiten www.SpielundLern.de und www.thielchen.net für die Bereitstellung ihrer Produktfotos bedanken.

Bildnachweis
Umschlagabbildung; S. 1: © Judith Wagner/Corbis
S. 2, 4, 14, 21, 36, 39, 59, 63, 114, 117, 119, 124, 139, 155: © Luigi Toscano
S. 8: © Westend 61/Getty Images
S. 24: © Image Source/Getty Images
S. 48: © Mel Yates/Getty Images
S. 65, 66, 106, 154: © Ernst Klett Verlag GmbH
S. 121: Jack Hollingsworth/Getty Images
S. 133: © Paula Ludwig/Mauritius Images
S. 144: © Sonja Krebs/Mauritius Images
S. 149, 153: Stephan Thiel für www.thielchen.net
S. 150, 151: Wissner bei www.SpielundLern.de
S. 153: Matura GbR in Garching, www.matura-online.de